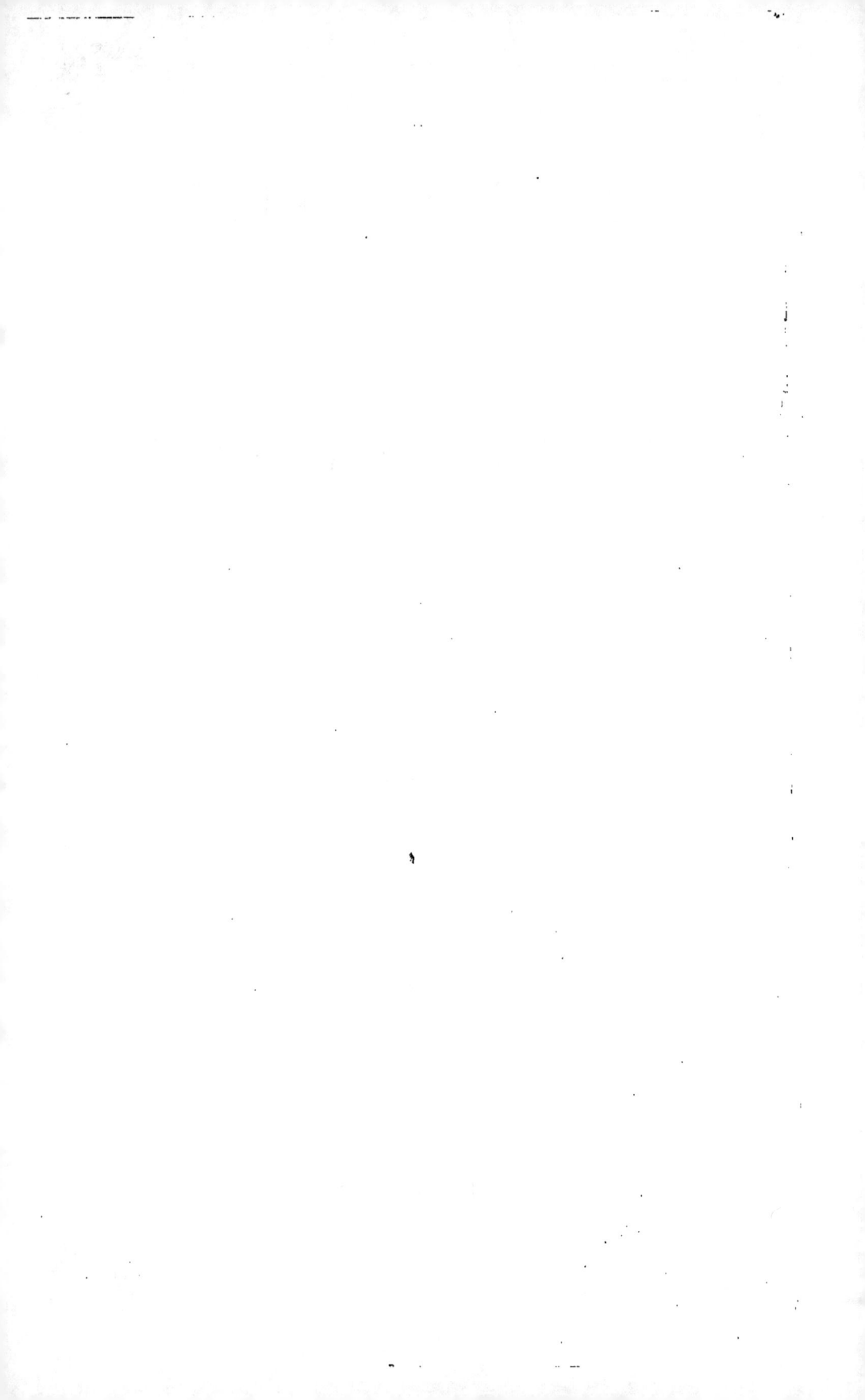

PETIT THÉATRE

SUIVI

DE PENSÉES, MAXIMES ET RÉFLEXIONS,

PAR

EDOUARD BRICON.

PARIS. — 1856.

PETIT THÉATRE

SUIVI

DE PENSÉES, MAXIMES ET RÉFLEXIONS,

PAR

EDOUARD BRIGON.

17h

PARIS. — 1856.

MANTES. — Imprimerie typographique et lithographique de V. PREVOT,

L'HOMME D'AFFAIRES.

PERSONNAGES:

M. MASURE, propriétaire, père de Mᴵˡᵉ Hermance.

Mᴵˡᵉ HERMANCE.

M. DESGRANGES, amant de Mᴵˡᵉ Hermance.

LISETTE, domestique de M. Masure.

JULIEN, domestique de M. Desgranges.

La scène se passe chez M. Masure.

ACTE PREMIER.

SCÈNE I.

JULIEN, LISETTE.

LISETTE.

Monsieur Julien, que vous me semblez beau !

JULIEN.

Mademoiselle, ma mise est en rapport avec mes nouvelles fonctions ; je ne suis plus le valet de M. Desgranges, mais bien son secrétaire.

LISETTE.

Son secrétaire ? Mais tu ne sais pas écrire.

JULIEN.

Je suis, te dis-je, secrétaire de M. Desgranges, et mon maître s'est fait homme d'affaires.

LISETTE.

Veux-tu me dire l'histoire de ces métamorphoses?

JULIEN.

Volontiers. Tu sais que le plus ardent désir de

M. Desgranges est d'épouser Mlle Hermance, et que ta maîtresse ne met d'autre condition à cette union que le consentement de son père. L'inclination de nos jeunes maîtres ayant pris naissance à Ingouville, chez la tante de Mlle Hermance, M. Masure ne sait rien de leur penchant. M. Desgranges a donc pu, depuis un mois qu'il est à Paris, s'entretenir avec M. Masure, au salon de lecture où il le rencontre tous les jours, sans que ton maître ait conçu la moindre idée des projets de notre amoureux. Or, M. Desgranges ayant acquis la certitude que M. Masure ne donnera sa fille qu'à un homme d'affaires, mon maître s'est fait homme d'affaires, et j'ai l'honneur d'être son secrétaire. Cela doit me donner quelque mérite à tes yeux. (Il prend Lisette par la taille; celle-ci en se dégageant:) Eh, eh ! monsieur le secrétaire, si vous désirez que nous suivions la trace de nos maîtres, n'allons pas plus vite qu'eux ; autrement nous arriverions les premiers, ce qui serait fort déplacé.

JULIEN.

Cruelle !. . . . .

LISETTE.

Quel parti M. Desgranges espère-t-il tirer de sa nouvelle profession ?

JULIEN.

1°. Le voisin de M. Masure est un médecin ami de mon maître qui, d'accord avec celui-ci,

fait une querelle d'allemand au tien ; ce qu'il saura
par cette lettre que tu lui remettras à son lever.

2°. Les Petites-Affiches, dont M. Masure fait
son premier déjeuner, lui apprendront que
M. Desgranges est de tous les hommes d'affaires le
plus extraordinaire. Il faut espérer que le reste ira
tout seul.

LISETTE.

Il y a du stratagème de femme dans ce que tu
viens de raconter : Lisette n'y est peut-être pas tout
à fait étrangère.

JULIEN.

Toi?

LISETTE.

Pourquoi pas?

JULIEN.

Fort bien. Tu t'apprivoiseras, ma belle.

LISETTE.

Peut-être. En attendant, dans l'intérêt de ton
maître, dis-lui que M. Masure fait le généreux beaucoup plus qu'il ne l'est réellement ; qu'il aime les
obstacles. Il faut donc, pour parler comme un secrétaire improvisé :

1°. Que M. Desgranges ne connaisse pas la cou-
leur de l'argent de mon maître.

2°. Qu'il lui gagne des procès difficiles, et qu'il
refuse de se marier.

JULIEN.

Mais c'est pour se marier qu'il arrive d'Ingouville et qu'il est homme d'affaires à Paris.

LISETTE.

J'entends M. Masure : va-t'en. (Julien sort.)

SCÈNE II.

M. MASURE, LISETTE.

M. MASURE.

Qui donc causait ici ?

LISETTE.

Un monsieur qui voulait absolument vous remettre lui-même cette lettre, le domestique, je pense, de M. le docteur Vallé.

M. MASURE, ouvrant la lettre.

Que me veut M. le docteur? Grâce à Dieu, je me porte assez bien pour me passer de ses services.

LISETTE, pendant que M. Masure lit.

Je crois que, malgré votre santé, votre voisin a l'intention de pratiquer sur vous une assez forte saignée.

M. MASURE.

En effet. Mais nous saurons résister à ses caprices.

(Il lit à haute voix.)

Monsieur,

« Vous avez des croisées qui sont à un mètre
» quatre-vingt-huit centimètres de ma propriété.
» La loi ne permet pas de jour sur le voisin à une
» distance moindre de dix-neuf décimètres. Veuillez
» donc réduire vos vues droites en des jours de
» souffrance. J'espère, monsieur, que vous me dis-
» penserez d'avoir recours aux tribunaux, en vous
» rendant le plutôt possible à l'invitation bienveil-
» lante de votre humble serviteur.

VALLÉ.

M. MASURE.

A l'invitation bienveillante... Nous verrons cela, M. Vallé, nous verrons cela ! Supprimer les croisées de mon escalier ! Mon escalier est ce qu'il y a de mieux dans ma maison. Ne pouvant en faire mon appartement, je le descends et le monte toujours lentement afin d'en jouir longuement. Supprimer les croisées de mon escalier ! Nous verrons cela, M. Vallé : il y a encore des hommes d'affaires à Paris. ...Ah ! malheureux propriétaires !

LISETTE.

Pauvres propriétaires ! Vraiment, ils sont à plaindre.

M. MASURE.

Oui, mademoiselle, ils sont à plaindre. Ils sont beaucoup plus à plaindre que vous qui n'avez qu'à boire, manger et dormir, sans vous occuper comment vient ce qui procure le dormir, le boire et le manger. Ah ! la propriété, c'est la vie des tribunaux ; c'est le tourment de ce bas-monde ! Je voudrais n'avoir pas un moellon dans Paris.

LISETTE.

Que feriez-vous de votre argent ?

M. MASURE.

Je me ferais rentier.

LISETTE.

Et vous ne craindriez pas la banqueroute ?

M. MASURE.

Beaucoup, au contraire. Dieu ! en quel temps

vivons-nous ? Travaillez donc pendant trente ans de votre existence, économisez, amassez sou à sou pour n'oser être, à la fin, ni rentier, ni propriétaire. Ah ! nous verrons cela, M. Vallé : nous verrons cela!... Lisette, allez voir si les Petites-Affiches sont arrivées.

LISETTE.

Je croyais que monsieur renonçait à la propriété?

M. MASURE, avec humeur.

Je vous dis d'aller chercher les Petites-Affiches.

LISETTE.

On y va, monsieur, on y va! (Elle sort.)

SCÈNE III.

M. MASURE, seul.

Je serais dix fois plus heureux si je n'avais rien. Au fait, c'est le bonheur dont je jouirais si je perdais ce que j'ai; et si je n'avais rien... cela demande réflexion.

SCÈNE IV.

M. MASURE, LISETTE.

LISETTE.

Monsieur, voici les Petites-Affiches.

M. MASURE, prenant les Affiches.

Maintenant, allez dire à ma fille que je désire lui parler.

SCÈNE V.

M. MASURE, seul, lisant les Petites-Affiches.

Puis-je en croire mes yeux ! (Il lit à haute voix.)

« M. Desgranges, homme d'affaires, rue Mont-
» martre, n° 84, peut offrir, en ce moment, aux
» capitalistes, de beaux placements en propriétés;
» entre autres, un excellent viager. Il fait les avances
» nécessaires au succès des affaires dont il se
» charge, et n'en exige le remboursement qu'autant
» qu'elles se terminent à la satisfaction de ses clients.
» Ce n'est aussi qu'en ce cas que des honoraires lui
» sont dûs. »

Voilà une heureuse découverte. Tout va pour le
mieux dans ce bas-monde. On n'invente pas un procès jusqu'alors inconnu, sans inventer un homme
d'affaires jusqu'alors introuvable.

SCÈNE VI.

M. MASURE, Mlle HERMANCE.

Mlle HERMANCE.

Vous m'avez demandée, mon père ?

M. MASURE.

Oui, ma fille. Je voulais vous faire part d'un mauvais procédé de notre voisin, M. Vallé; mais cela me
soucie peu maintenant. Je viens de faire la découverte d'un homme d'affaires que Dieu a créé et
mis au monde pour la ruine de la chicane et la paix
des honnêtes propriétaires.

Mlle HERMANCE.

Où donc avez-vous fait cette heureuse découverte ?

M. MASURE.

Où donc ? Aux Petites-Affiches.

Mlle HERMANCE.

Les Petites-Affiches vous ont trompé mille fois.
Vous leur devez la connaissance de tous les hommes d'affaires de Paris; celle de toutes les maisons à
vendre. Lorsque, par hasard, elles vous annoncent
une affaire passable, prête à conclure, elles vous la
font manquer en vous mettant sur la trace d'une
affaire meilleure, que vous finissez par trouver dé-
testable et qui vous fait regretter celle dont vous
vous étiez occupé d'abord. Croyez-moi, laissez là
les propriétés à bon marché, les affiches et les hommes d'affaires.

M. MASURE.

Laisser là les hommes d'affaires ! vous oubliez
donc que c'est un homme d'affaires que vous devez
épouser?

Mlle HERMANCE.

Je sais que je sympathise peu avec ces messieurs;
et j'espère encore que vous changerez de résolution.

M. MASURE.

Mais j'ai besoin d'un homme d'affaires dans ma
famille. Si vous étiez d'un autre sexe, j'exigerais
seulement que vous vous fissiez avocat et homme
d'affaires, et vous épouseriez qui bon vous semblerait. J'ai besoin d'un homme d'affaires dont les
intérêts soient les miens, soient les vôtres : je ne
puis trouver cet homme que dans votre époux.

Mlle HERMANCE.

Mon père, je serai toujours soumise à vos volontés.

M. MASURE.

Bien; mais je veux que mes volontés vous rendent
heureuse. Maintenant, ma fille, sachez si l'on s'oc-
cupe de mon appartement, si les meubles sont
essuyés, si le déjeuner se fait, si tout enfin est en
ordre dans le ménage.

Mlle HERMANCE.

Mon père, je vais m'en assurer.

M. MASURE.

Allez. Et n'oubliez jamais qu'il n'y a pas de Californie qui vaille une femme qui a des habitudes
de travail, d'ordre et d'économie. (Mlle Hermance se retire).

SCÈNE VII.

M. MASURE, seul

Quelque soit mon désir, non, chère enfant, je ne
te marierai pas contre ton gré. Ta soumission me
fait un nouveau devoir de ton bonheur.... si cependant.... si ce M. Desgranges, par exemple...
allons faire sa connaissance.

ACTE DEUXIÈME.

SCÈNE I.

LISETTE, JULIEN.

LISETTE, en entrant en scène avec Julien.

Et une fois M. Masure dans ton bureau?

JULIEN.

Je lui ai présenté une chaise, en lui disant que
M. Desgranges était en affaires, mais qu'il n'atten-
drait pas longtemps. De son côté, mon maître,
comme s'il eût parlé à un client, disait à haute et
intelligible voix : « Monsieur, votre cause est gagnée
d'avance, je ne puis m'en occuper. Je ne me charge
que des affaires dont on désespère, et ainsi que j'ai
déjà eu l'honneur de vous le dire, je fais les avances
nécessaires aux procès que je poursuis, et cela, à
mes risques et périls. » M. Masuré ouvrait de grandes
oreilles et ne perdait aucune des paroles que
M. Desgranges prononçait dans la pièce voisine. Il
me pria de lui écrire l'adresse du client qui a une
maison à vendre en viager. L'honneur de mon se-
crétariat allait être gravement compromis, sans l'a-
dresse du tailleur de mon maître qui, fort heu-
reusement, s'est trouvée sur mon bureau pour me
tirer d'embarras.

LISETTE, en riant.

Voilà ce que c'est que de se revêtir de dignités
pour lesquelles on n'est pas né.

JULIEN.

Aussi, charmante Lisette, si jamais nous avons
des enfants, nous les mettrons chez les frères ou
à l'école mutuelle, peu m'importe, mais je veux
qu'ils sachent écrire avant d'être secrétaires.

LISETTE.

Tu as raison. Enfin qu'est devenu M. Masure?

JULIEN.

Mon maître a fait semblant de reconduire un client jusqu'à un escalier qui aboutit à sa chambre ; il m'a sonné, et j'ai introduit M. Masure. Revenu à ma place, à trois reprises, j'ai agité la sonnette de la porte d'entrée et déplacé les chaises de mon bureau en disant, assez haut pour être entendu de M. Masure : Asseyez-vous, monsieur. M. Desgranges vous recevra dans un moment. Tu comprends qu'il n'y a eu d'assis sur mes chaises que moi et mon ombre. Mon maître a reconduit M. Masure jusqu'à l'escalier du fond. Un instant après il est sorti, et moi je suis venu présenter mes hommages à Mlle Lisette.

LISETTE.

C'est fort bien, et je veux te récompenser de tes soins en achevant l'histoire dont tu viens de dire le commencement. M. Desgranges a donné rendez-vous à mon maître chez M. Vallé ; M. Masure a été je ne sais où avec M. Vallé, et pendant son absence, ton maître a eu un doux entretien avec ma maîtresse. L'un et l'autre sont très-heureux et pleins d'espérance pour l'avenir.

JULIEN.

En sorte que notre intrigue prend tournure?

LISETTE.

Monsieur Julien, il n'y a pas d'intrigue dans tout ceci. M. Desgranges est, sous tous les rapports, un fort joli parti pour Mlle Hermance ; et si nous trom-

pons M. Masure, nous le trompons très-obligeam-
ment pour lui et pour sa fille. Monsieur Julien
préférerait sans doute un enlèvement ?

JULIEN.

J'aime les chemins les plus courts.

LISETTE.

Je veux des moyens honnêtes.

JULIEN.

Et que faut-il en amour pour être honnête ?

LISETTE.

Avant tout, respecter ce que l'on aime.

JULIEN.

Ma foi, si toutes les soubrettes étaient taillées sur
ton patron, messieurs les secrétaires, et surtout
ceux qui ne savent pas écrire, auraient le temps de
s'ennuyer.

LISETTE.

C'est par l'ennui qu'il faut commencer pour être
philosophe.....

SCÈNE II.

LISETTE, JULIEN, Mlle HERMANCE.

Mlle HERMANCE.

Voici mon père : retirez-vous. (Julien et Lisette sortent
par une porte du fond.)

SCÈNE III.

Mlle HERMANCE, M. MASURE.

M. MASURE, en entrant.

Quel homme que ce M. Desgranges ! Je ne suis

pas surpris qu'il faille faire queue pour arriver à son cabinet. (Apercevant sa fille.) Vous voilà, Hermance? Quel homme que ce M. Desgranges!

Mlle HERMANCE.

Qu'a-t-il donc fait de si étonnant?

M. MASURE.

Ce qu'il a fait? D'abord, bien que M. Vallé eût parfaitement raison, il lui a prouvé qu'il avait parfaitement tort. Si bien que M. le docteur m'a fait ses excuses, et qu'à titre de dommages et intérêts, il m'a accompagné à la visite d'une maison rue Taitbout.

Mlle HERMANCE.

Un architecte eût été plus utile.

M. MASURE.

Pas du tout, mademoiselle, pas du tout! On veut vendre en viager.

Mlle HERMANCE.

Ah! je vous comprends. Vous avez visité la propriété, et M. le docteur le propriétaire?

M. MASURE.

Précisément.

Mlle HERMANCE.

Et la conclusion?

M. MASURE.

Que l'affaire est excellente. La maison est neuve et le propriétaire peut passer pour vieux; peu importe l'âge, on est vieux quand on n'a plus guère à vivre.

Mlle HERMANCE.

Cela n'est que trop vrai.

M. MASURE.

Quel homme que ce M. Desgranges! s'il était mon gendre, avant dix ans, je serais propriétaire de la moitié de la Chaussée-d'Antin.

Mlle HERMANCE.

Quand même vous posséderiez la moitié de Paris, en seriez-vous plus heureux?

M. MASURE.

J'en serais plus riche.

Mlle HERMANCE.

Riche! vous l'êtes déjà trop.

M. MASURE.

Comment! je suis trop riche? moi, Gaspard Masure, je suis trop riche!

Mlle HERMANCE.

Sans doute, puisque vous ne dépensez pas tous vos revenus, et que c'est de votre fortune que naissent les trois quarts des tourments de votre vie.

M. MASURE.

Hermance, est-ce que vous avez lu Sénèque?

Mlle HERMANCE.

Non, mon père.

M. MASURE.

C'est que vous raisonnez absolument comme lui Reste à savoir s'il avait raison.

SCÈNE IV.

Mlle HERMANCE, M. MASURE, LISETTE.

LISETTE.

M. Desgranges.

M. MASURE.

Qu'il soit le bienvenu. (Mlle Hermance et Lisette se retirent).

SCÈNE V.

M. MASURE, M. DESGRANGES.

M. MASURE, allant au-devant de M. Desgranges.

Venez, mon cher. Permettez-moi cette expression ; car, si vous le voulez bien, vous êtes, à dater de ce jour, non-seulement l'homme d'affaires, mais l'ami de la maison.

M. DESGRANGES.

Monsieur, vous me faites un honneur infini : je saurai, j'espère, m'en rendre digne. Comment trouvez-vous l'affaire Taitbout ?

M. MASURE.

Extraordinaire, unique ! J'aurais désiré que le propriétaire vécût encore un ou deux ans. M. Vallé le fait mourir dans six mois.

M. DESGRANGES.

Voilà l'opinion de M. Vallé. La vôtre ?

M. MASURE.

Ma foi, celle du docteur m'arrange assez pour me dispenser d'en avoir une à moi.

M. DESGRANGES.

Et moi je tiens plus à la vôtre qu'à la sienne.

2

M. MASURE.

Pourquoi donc?

M. DESGRANGES.

J'ai vu tant de docteurs tuer les gens qu'ils de-
vaient sauver, que je suis assez disposé à faire vivre,
ceux que la faculté condamne.

M. MASURE.

Diable! diable! je n'y avais pas pensé.

SCÈNE VI.

M. MASURE, M. DESGRANGES, LISETTE.

LISETTE.

Le secrétaire de Monsieur Desgranges demande
s'il peut lui accorder un moment d'entretien.

M. DESGRANGES.

J'y vais.

M. MASURE, retenant M. Desgranges.

Restez, je vous prie. (A Lisette) Faites entrer le secrétaire de monsieur.

SCÈNE VII.

M. MASURE, M. DESGRANGES, JULIEN.

M. DESGRANGES, à Julien.

Qu'avez-vous à me dire?

JULIEN.

M. Trotant, dont vous avez gagné le procès, désire s'acquitter envers vous.

M. DESGRANGES.

Cela ne presse pas.

JULIEN.

Vous êtes aussi attendu par madame..... vous

savez cette comtesse qui veut absolument vous faire épouser sa fille ? (M. Masure à part) Aie!.. (Julien). Madame...

M. DESGRANGES.

Je sais qui. Allez dire que je serai chez moi dans un moment. (Julien sort).

SCÈNE VIII.

M. MASURE, M. DESGRANGES.

M. MASURE.

Je suis fâché de vous retenir ; mais nous avons aussi un compte à régler.

M. DESGRANGES.

Aucun que je sache.

M. MASURE.

L'affaire Vallé.

M. DESGRANGES.

M'a valu votre honorable confiance.

M. MASURE.

Admettons que, pour cette fois, cela vous suffit : l'affaire Taitbout ?

M. DESGRANGES.

Elle n'est pas terminée. Elle ne le sera complètement qu'au décès du propriétaire, et vous ne me devrez d'honoraires qu'autant que son trépas arrivera à l'époque ou avant l'époque que vous voudrez bien lui assigner. (Faisant un pas pour se retirer) Maintenant, monsieur....

M. MASURE.

Maintenant, j'ai à vous parler d'une affaire au-

trement importante. Mais allez d'abord à madame
la comtesse.

M. DESGRANGES.

Oh! madame la comtesse et moi, nous ne tom-
berons jamais d'accord.

M. MASURE.

C'est sans doute une comtesse ruinée.

M. DESGRANGES.

Non, vraiment! Elle veut donner deux cent mille
francs à sa fille; moi, je veux une femme sans dot.
Je vais donc, pour la dixième fois, prier madame
la comtesse de chercher un autre gendre.

M. MASURE.

Ensuite vous reviendrez?

M. DESGRANGES.

Oui, monsieur, à moins que vous préfériez ne
me voir que demain.

M. MASURE.

Je tiens à vous revoir le plutôt possible.

(M. Desgranges salue en se retirant).

SCÈNE IX.

M. MASURE, seul.

Quel homme que ce M. Desgranges!!! Je tombe
de surprise en surprise. Il ne veut pas d'honoraires,
il ne veut pas de dot : est-ce que le ciel l'aurait fait
exprès pour moi?... Mais peut-être qu'en ce moment madame la comtesse ruine tous mes projets
en séparant la dot de la fille; en accordant celle-ci à

M. Desgranges et en gardant l'autre pour elle.... Oh! le procédé serait par trop bourgeois... Cependant cette comtesse me trotte par la tête. Depuis cinquante ans on a fabriqué des nobles de tant de façons. (Il sonne)..

SCÈNE X.

M. MASURE, LISETTE.

LISETTE.

A vos ordres, monsieur.

M. MASURE.

Dites à Hermance de venir de suite.

SCÈNE XI.

M. MASURE, seul.

Il faut absolument vaincre sa répugnance.

SCÈNE XII.

M. MASURE, Mlle HERMANCE.

M. MASURE.

Venez, ma fille ; j'ai une bonne nouvelle à vous annoncer.

Mlle HERMANCE.

On vous propose une maison pour rien ?

M. MASURE

Il s'agit bien de maison ! M. Desgranges n'est pas marié.

Mlle HERMANCE.

Qu'il soit ou non marié, qu'importe, je vous prie ?

M. MASURE.

Il importe beaucoup. Car s'il était marié, il ne pourrait être votre époux.

Mlle HERMANCE.

Peut-il le devenir étant homme d'affaires?

M. MASURE.

Il le deviendra, j'espère.

Mlle HERMANCE.

J'ai une invincible répugnance de ces messieurs.

M. MASURE.

On voit bien que vous ne connaissez pas M. Desgranges : c'est un homme accompli. Depuis quelque
temps je le vois à mon cabinet de lecture, où il est
plein de prévenances pour tout le monde, et surtout
pour moi. Ce n'est pas d'aujourd'hui que j'apprécie
ses rares qualités; et ce n'est pas de ce moment que
j'aurais conçu le désir de l'avoir pour gendre, si je
l'avais su garçon et homme d'affaires. Apprenez
qu'à l'heure même, on offre à cet homme dont la
profession vous inspire tant d'horreur, une jeune
et jolie fille de comtesse, surembellie de deux cent
mille francs de dot.

Mlle HERMANCE.

Il ne refusera pas tant de charmes?

M. MASURE.

La demoiselle serait peut-être de son goût; mais
elle ne va pas sans la dot, et M. Desgranges exècre
les dots.

Mlle HERMANCE.

Cela me dispose en sa faveur : j'aime qu'on épouse
une femme et non pas une dot.

SCÈNE XIII.

M. MASURE, Mlle HERMANCE, LISETTE.

LISETTE.

M. Desgranges.

M. MASURE.

Qu'il entre, qu'il entre! (A sa fille qui veut se retirer) Restez.

SCÈNE XIV.

M. MASURE, Mlle HERMANCE, M. DESGRANGES.

M. DESGRANGES.

Au diable les comtesses, leurs filles et surtout les dots! (Apercevant Mlle Hermance) Monsieur, je vous croyais seul. Madame me pardonnera-t-elle la façon dont je me présente chez vous?

M. MASURE.

Pour mon compte, cette façon me plaît. Vous avez parfaitement raison : au diable les comtesses, leurs filles, et surtout les dots!

M. DESGRANGES.

Cependant je crains que madame.....

M. MASURE, Interrompant.

Madame est mademoiselle ma fille. Je pense qu'elle est du même sentiment que moi. (Prenant Mlle Hermance par la main). Monsieur Desgranges, j'ai l'honneur de vous présenter Mlle Hermance Masure, ma fille. (M. Desgranges fait un profond salut auquel Mlle Hermance répond gracieusement).

M. DESGRANGES.

Sous la tutelle de M. Masure, les qualités morales de mademoiselle doivent être en harmonie avec son physique enchanteur. (Mlle Hermance salue comme une personne qui remercie).

M. MASURE.

Je ne lui connais qu'un défaut. C'est une sorte de répulsion pour les hommes d'affaires.

Mlle HERMANCE.

Ah! mon père, voilà une indiscrétion qui n'est pas pardonnable.

M. DESGRANGES.

Elle est fort excusable, mademoiselle; cependant ce qu'elle me révèle m'afflige profondément.

Mlle HERMANCE.

Moi, je voudrais, monsieur, qu'on ne vous affligeât pas.

M. MASURE.

Ma chère Hermance, voilà de bonnes paroles.

M. DESGRANGES.

Dont je garderai un précieux souvenir.

M. MASURE.

Voyons, mon cher monsieur, allons droit au but : celle qui les a prononcées vous conviendrait-elle pour femme ?

M. DESGRANGES.

A-t-elle une dot?

M. MASURE.

Que je n'aime pas les dots, ayant plutôt à en donner qu'à en recevoir, cela se comprend : mais cette aversion de votre part?

M. DESGRANGES.

Ah! monsieur, n'est-ce pas assez, n'est-ce pas trop déjà qu'un père se sépare d'une fille accomplie sans lui imposer l'abandon d'une partie de sa fortune? Si, au contraire, cette fille a si peu de mérite qu'il faille une dot pour la marier, que peut être cette dot en comparaison de ses défauts?

Mlle HERMANCE.

Monsieur finira par me réconcilier avec les hommes d'affaires.

M. MASURE.

M. Desgranges, ma fille n'aura pas de dot. Que dites-vous maintenant du mariage que j'ai l'honneur de vous proposer?

M. DESGRANGES.

Que je n'ose l'espérer; car je ne crois pas aisément au bonheur.

M. MASURE.

Et vous, Hermance?

Mlle HERMANCE.

Moi, j'admire le désintéressement de monsieur. Cependant, si je consentais à l'épouser, le sans dot me conviendrait peu.

M. DESGRANGES.

Je veux, mademoiselle, vous faire une concession. (M. Masure à part) Aie! (M. Desgranges continuant) Si cela peut convenir à Monsieur Masure, voici la dot que j'accepterai.

M. MASURE.

Voyons.

M. DESGRANGES.

J'aurai un abri sous ce toit tutélaire; je m'assoierai

à la table du père de famille, pour qui j'aurai, jusqu'à son dernier soupir, le respect et la tendresse d'un fils.

M. MASURE, ému.

Ma fille !

Mlle HERMANCE, sur le même ton.

Mon père !

M. MASURE.

Votre répugnance pour les hommes d'affaires est-elle vaincue ?

Mlle HERMANCE.

Mon père, vous pouvez disposer de ma main.

M. MASURE.

Mon cher Monsieur Desgranges, je savais que la fortune ne suffit pas au bonheur ; vous venez de m'apprendre qu'elle peut lui être un obstacle. Sans votre générosité, vous n'eussiez pas gagné le cœur de ma fille. Vous allez posséder le premier de mes biens ; par suite, tout ce que j'ai vous appartiendra. — Mes enfants, dès demain, je m'occuperai de votre union. Vous, Monsieur Desgranges, ne négligez pas l'affaire Taitbout.

M. DESGRANGES.

Je vous promets d'y mettre tous mes soins.

M. MASURE.

Surtout que le propriétaire ne s'avise pas de mourir avant la signature de notre acte d'achat.

M. DESGRANGES, souriant.

Les viagers font vivre. (A Mlle Hermance) Puis-je désormais, mademoiselle, me présenter ici à titre de fiancé?

Mlle HERMANCE, d'un air de contentement.

Monsieur, je n'ai pas d'autre volonté que celle de mon père.

M. MASURE.

Allons, allons, voilà qui est bien. (A M. Desgranges, qui se retire en saluant) A demain, monsieur le fiancé.

SCÈNE XV.

M. MASURE, Mlle HERMANCE.

Mlle HERMANCE.

Quel homme que ce M. Desgranges!

M. MASURE.

Ah! vous voilà convertie?

Mlle HERMANCE.

J'avoue que je ne me doutais pas qu'il y eût à Paris un homme d'affaires fait ainsi.

M. MASURE.

Moi, j'avoue que j'ai vu beaucoup d'hommes d'affaires en ma vie, et que je n'en ai pas rencontré un seul qui pût être comparé à M. Désgranges. Cependant il ne faut pas trop s'étonner s'il ne veut pas de dot.

Mlle HERMANCE.

Pourquoi donc?

M. MASURE.

Parce qu'il n'en a pas besoin; car si je suis bien informé, il possède d'assez belles terres en Nor-

mandie; et n'aurait-il que son talent, qu'il lui suf-
firait pour être bientôt baron, comte, marquis, sé-
nateur, membre d'un bureau de bienfaisance, di-
recteur d'un chemin de fer, et beaucoup d'autres
choses. Vous, vous serez baronne, comtesse, mar-
quise, etc. Et moi, beau-père de M. Desgranges,
propriétaire dans tous les quartiers de Paris, ayant
plus d'argent que le crédit mobilier, faisant à volonté la hausse et la baisse à la Bourse, je serai tout
au moins grand officier de la Légion-d'Honneur. Me
voyez-vous avec un large ruban rouge et une croix
sur la poitrine? Alors, il ne me sera plus permis
d'aller à pied : je me promènerai avec vous dans la
voiture de mon gendre. Quel homme! quel homme
que ce M. Desgranges!!!

FIN.

AMOUR ET CALIFORNIE,

COMÉDIE EN 3 ACTES.

PERSONNAGES.

M. RONDEAU, rentier à Paris.
M. GUSTAVE, fils de M. Rondeau.
M. PRUDENT, propriét** à Bordeaux.

Mlle ÉLÉONORE, fille de M. Prudent.
Mlle LOUISE, amie de Mlle Éléonore.

La scène se passe dans un salon de l'hôtel du chemin de fer, au Havre.

ACTE PREMIER.

—

SCÈNE I.
M. RONDEAU, M. PRUDENT.

M. RONDEAU, arrivant sur la scène, tenant M. Prudent par la main.

Quelle heureuse rencontre ! Après dix ans d'absence, te trouver ici au moment où je te croyais plus que jamais renfermé dans ta cité chérie !

M. PRUDENT.

Oui, mon cher, j'aime la ville et les campagnes de Bordeaux. Mais il est des circonstances qui nous font un devoir de nous séparer de ce que nous aimons.

M. RONDEAU.

Hélas ! qui le sait mieux que moi ? Cependant, moi qui ai vu Bordeaux, à l'exception de ses vins et de son anisette, qu'on se procure aisément à Paris, je ne vois rien de si captivant dans cette ville.

M. PRUDENT.

Je comprends que tu lui préfères Paris : tu as toujours aimé le bruit et les plaisirs.

M. RONDEAU.

Toi, je te dois cette justice, tu as été mon antipode. Peut-être est-ce à cause du contraste de nos caractères que je t'ai toujours préféré à nos autres camarades.

M. PRUDENT.

Ce contraste, mon cher Rondeau, existait moins dans nos caractères que dans nos actions.

M. RONDEAU.

Je te crois bien ! moi, l'amoureux des onze mille vierges ; toi, la sagesse, la chasteté en personne. Aussi gare à tes cendres ! c'est à qui en voudra pour se préserver de toutes les rages, y compris celle d'amour, qui, pour être la plus commune, n'est pas la moins redoutable.

M. PRUDENT.

Elle n'est plus à craindre pour toi ?

M. RONDEAU.

Ma femme m'en a guéri.

M. PRUDENT.

Voilà qui peut subir plus d'une interprétation.

M. RONDEAU.

Je te prie de prendre la chose du bon côté. J'aime ma femme, ou, pour mieux dire, je n'ai jamais aimé qu'elle ; car avant de l'avoir connue, j'étais plus libertin qu'amoureux. Ma chère Hortense!

si tu savais de combien de soins assidus elle entoure ma vie! aussi, en l'aimant, ne suis-je pas sûr si ce n'est pas moi que j'aime en elle, comme on aime la cause de son bonheur.

M. PRUDENT.

Voilà le langage de ton cœur, mon cher Rondeau. Je savais bien que le temps te rendrait aussi sage que moi.

M. RONDEAU.

La sagesse coûte cher quand c'est au temps qu'il faut la demander. C'est de lui cependant que je l'attends aujourd'hui, non plus pour moi, mais pour mon malheureux fils.

M. PRUDENT.

Ton fils?

M. RONDEAU.

Oui, mon fils, M. Gustave Rondeau, qui, à vingt ans, s'amourache d'une fillette, d'une grisette, d'une je ne sais quoi, qui est cause que je suis au Havre, et que, dans quelques heures, Gustave s'embarque pour la Californie.

M. PRUDENT.

C'est à San-Francisco que tu l'envoies chercher la sagesse? il me semble qu'on aurait pu la trouver plus près.

M. RONDEAU.

Dans les yeux de Mlle Éléonore Tu vas me dire: bon chien chasse de race. Mais au moins mes folies n'allaient pas au mariage.

M. PRUDENT.

Elles ne valaient peut-être pas mieux pour cela.

M. RONDEAU.

Je n'étais pas assez constant pour que mes amours causassent de l'inquiétude à ma famille.

M. PRUDENT.

Je le vois, tes infidélités étaient de la vertu... Que fait cette Éléonore?

M. RONDEAU.

Mademoiselle Éléonore, voilà son nom... C'est tout ce que je sais, tout ce que je veux savoir de ce serpent, de cette Ève, de cette femme qui a ensorcelé mon fils. Le voici.

SCÈNE II.

M. RONDEAU, M. PRUDENT, GUSTAVE.

M. RONDEAU.

Gustave, ce monsieur est un de mes vieux camarades (M. Prudent et Gustave se saluent) qu'un heureux hasard m'a fait rencontrer ici. Ah! si ta jeunesse avait pu prendre la sienne pour exemple, tu n'aurais pas besoin de me quitter pour apprendre à être sage! Je te laisse avec lui. Je vais, moi, m'assurer à bord si toutes les mesures sont prises pour que ta longue traversée soit le moins pénible possible. (A M. Prudent:) Je te retrouverai ici?

M. PRUDENT.

Oui, je loge dans cet hôtel.

SCÈNE III.

M. PRUDENT, GUSTAVE.

M. PRUDENT.

Voilà, monsieur, une séparation qui doit vous être pénible? Elle est bien douloureuse pour votre père.

GUSTAVE.

Il pouvait l'éviter.

M. PRUDENT.

Oui, par un mariage indigne.

GUSTAVE.

Indigne!... Ah! si mon père avait voulu voir ou entendre Éléonore, il vous en aurait fait un autre tableau. Il la déteste; et pour l'aimer, il lui eut suffi de la voir. C'est bien d'elle qu'on peut dire:

Le jour n'est pas plus pur que le fond de son cœur.

M. PRUDENT.

Elle est sage, sans doute. Si elle ne l'était pas, vous l'aimeriez moins. Mais sa famille, sa condition?

GUSTAVE.

Sa famille n'est pas moins honorable que la mienne. Et si elle apprend un état chez une amie de son père, ce n'est qu'un excès de précaution contre les caprices de la fortune.

M. PRUDENT.

Je vois que vous l'aimez beaucoup; et vous la quittez?

GUTAVE.

Si je l'aime ! plus que tout, excepté le devoir. Le mien, aujourd'hui, est d'obéir à mon père.

M. PRUDENT, regardant Gustave avec étonnement.

Mon ami, persévérez dans cette voie, et soyez assuré que le ciel vous bénira.

GUSTAVE.

C'est en Dieu et en ma mère que je fonde mon espérance. Pardon, monsieur, si je vous quitte; il me reste à faire quelques apprêts pour mon voyage.

SCÈNE IV.

M. PRUDENT, seul.

Voilà un noble jeune homme. Que tout ceci jette de doute dans mon esprit. Ciel! suis-je à temps encore pour voir ma fille? Cette Éléonore, n'est-ce pas Clémence m'épargnant sous ce nom les amertumes que me causerait ce que je pourrais entendre de ses amours irréfléchis? Relisons sa lettre.

Cher père,

Dans quelques jours je partirai du Havre pour un long voyage. Ne soyez donc pas en peine de moi si vous ne recevez pas de mes nouvelles. Je ne puis aujourd'hui vous dire les motifs de cette détermination. Sachez cependant qu'ils n'ont rien que d'honorable, et qu'en partant je n'ai d'autre regret que celui de vous quitter.

A vous, mon père, amour et respect,

CLÉMENCE PRUDENT.

Cette Éléonore, Clémence, c'est toi! Dieu, achevez votre ouvrage, rendez-moi mon enfant!

(Il sort.)

SCÈNE V.

Mlle ÉLÉONORE, Mlle LOUISE.

Mlle LOUISE.

Oui, je trouve que c'est bien marcher, de venir en six heures de Paris au Havre.

Mlle ÉLÉONORE.

Moi, je dis qu'on inventera pour les amoureux quelque chose de mieux que les chemins de fer. Mais enfin nous sommes arrivées. Dans quelques heures, je serai à bord de *l'Élisa*, et je jouirai de la surprise de Gustave. Voyager ensemble, oh! quel bonheur pour mon cœur! quelle félicité pour mon Gustave!

Mlle LOUISE.

Voyager ensemble de Paris au Havre et du Havre à Paris, cela me semblerait fort beau. Mais d'ici à San-Francisco! Se livrer à la mer pendant six énormes mois; s'exposer sur quelques planches à la faim, à la soif, au chaud, au froid et à mille périls; n'en déplaise à l'amour, cela me paraît fort peu divertissant.

Mlle ÉLÉONORE.

Chère amie, sans ces périls, je ne partirais pas. Je ne me dérangerais pas pour les distractions d'un voyage d'agrément; mais je me croirais indigne de celui que j'aime, si je ne partageais des dangers auxquels il n'est exposé qu'à cause de moi.

Mlle LOUISE.

Cependant, ne te disait-il pas lui même : « Je sais « que séparés, vous aurez mille inquiétudes sur « mon sort ; mais avec moi ces inquiétudes exis- « teraient encore, et les périls que je ne vaincrais « pas seul ne seraient que plus terribles si vous les « partagiez ? »

Mlle ÉLÉONORE.

Ce sont ces paroles qui ont mis le comble à ma confiance en Gustave : celui qui les a prononcées ne peut abuser d'un cœur qui l'aime.

Mlle LOUISE.

Ce cœur n'a-t-il donc qu'une affection ?

Mlle ÉLÉONORE.

Tu sais bien, Louise, qu'il te quitte à regret. Tu sais bien qu'il saigne à la pensée de mon père. Que de larmes ne vais-je pas lui coûter ! Pour les sécher, chère amie, je compte sur le temps et plus encore sur toi.

Mlle LOUISE.

Et qui séchera les miennes ?

Mlle ÉLÉONORE.

Dieu... Ne nous attendrissons pas, chère amie : c'est de la force qu'il nous faut et non pas des larmes. Tu vas veiller aux derniers préparatifs de mon voyage. Moi, je vais m'enfermer dans ma chambre jusqu'au moment du départ. Tout serait perdu si Gustave ou son père pouvait se douter que je suis ici.

ACTE DEUXIÈME.

SCÈNE I.

M. PRUDENT.

C'est bien elle, c'est Clémence, c'est ma fille! Qui me retient d'aller la presser sur mon cœur? Non, non, voyons la tournure que prendra cette affaire en l'abandonnant encore à elle-même.

SCÈNE II.

M. PRUDENT, M. RONDEAU.

M. RONDEAU, en se laissant tomber dans un fauteuil.

Ouf!.. Ah! le pendard! le brigand!

M. PRUDENT.

A qui en as-tu donc?

M. RONDEAU.

Je te dis que c'est un profond scélérat!

M. PRUDENT.

Qui?

M. RONDEAU.

Mon fils! (Il se lève) Le croiras-tu: son Éléonore devait partir avec lui! Elle est logée dans cet hôtel. En voilà de l'audace!

M. PRUDENT.

C'est un peu fort, j'en conviens.

M. RONDEAU.

Me vois-tu refait comme un simple jobard ; pris dans mes propres lacs ? j'en serais mort de honte.

M. PRUDENT.

Il y a longtemps qu'on ne meurt plus de cette maladie.

M. RONDEAU.

Ah ! mademoiselle, s'il vous faut des surprises, je vous en ménage une qui en vaudra bien deux.

M. PRUDENT.

Voyons.

M. RONDEAU, se frottant les mains.

L'important est que six mille lieues de mer séparent nos amoureux. Je vais arranger les choses de telle sorte que la donzelle partira pour San-Fran-cisco et mon fils pour Paris.

M. PRUDENT.

Voilà une fourberie cruelle qui n'est pas dans ton caractère et dont tu ne chargeras pas ta conscience.

M. RONDEAU.

Cependant quand je pense que je suis sous le même toit, que je respire le même air que cette couleuvre!..

M. PRUDENT.

Ce genre de serpent ne t'a pas toujours causé tant d'effroi?

M. RONDEAU.

C'est qu'alors il était moins perfide. Ah! les femmes, les femmes !

M. PRUDENT.

Et les hommes? Ton Gustave, par exemple!

M. RONDEAU.

Il est vrai qu'il y a de la ruse de femme dans sa tête. Il aura sucé le génie de ce sexe infernal avec le lait de sa nourrice. J'aurais dû l'élever au biberon. Le voici.

M. PRUDENT.

Je te laisse avec lui.

SCÈNE III.

M. RONDEAU, GUSTAVE.

M. RONDEAU, s'asseyant.

Approchez, Monsieur Gustave.

GUSTAVE.

Mon père, au moment de nous séparer, ce ton de cérémonie m'afflige.

M. RONDEAU.

Nos chagrins passent vite en bonne compagnie.

GUSTAVE.

Je ne connais pas celle que je vais avoir forcément pendant six mois.

M. RONDEAU.

Tu ne connais pas cette Hélène dont les amours ne causeront pas la ruine de Troie, mais qui bouleverseront ton cœur à San-Francisco comme à Paris?

GUSTAVE.

Si c'est d'Éléonore que vous parlez, oui, sa pensée me suivra partout.

M. RONDEAU.

Ce n'est pas sa pensée, mais son nom en toutes lettres que je viens de lire sur la feuille des passagers de *l'Élisa*. Ce n'est pas sa pensée, mais son nom qui est couché tout au long sur le livre des voyageurs de cet hôtel.

GUSTAVE.

Amour, voilà de tes traits. Oh! admirable dévouement! Oh! sublime folie!..

M. RONDEAU.

Oh! que cela est joli! Oh! la rare et admirable chose qu'une fille perdue courant après son amant!

GUSTAVE.

Mon père, vous êtes sévère.

M. RONDEAU, se levant.

J'aurais le droit de l'être davantage; mais je veux, jusqu'à la fin, te prouver ma mansuétude; c'est toi-même qui vas disposer de ton sort et de celui de ta belle.

GUSTAVE.

Parlez, mon père.

M. RONDEAU.

Si elle part, tu resteras; si elle reste, tu partiras. Maintenant, tu peux t'entendre avec elle.

GUSTAVE.

Cependant si cette Éléonore n'est pas celle que j'aime?

M. RONDEAU, s'en allant.

Tant mieux pour toi; elle partira et tu retrouveras l'autre à Paris.

SCÈNE IV.

GUSTAVE, Mlle LOUISE.

Mlle LOUISE, avec surprise.

Monsieur Gustave?...

GUSTAVE.

C'est vous, mademoiselle Louise? Il est donc vrai qu'Éléonore se dispose à partir par *l'Élisa*, et qu'elle est dans cet hôtel?

Mlle LOUISE.

Qui donc a pu vous le dire?

GUSTAVE.

Mon père. Les moments sont précieux: je vous en prie, mademoiselle, allez dire à votre amie que je sollicite en grâce un moment d'entretien avec elle.

Mlle LOUISE.

J'y cours.

SCÈNE V.

GUSTAVE, seul.

Quelle épreuve! Il faut passer encore par les angoisses d'une nouvelle séparation. O mon courage, ô vertus de mon cœur, ne m'abandonnez pas!

SCÈNE VI.

M GUSTAVE, Mlle ÉLÉONORE.
(Gustave va au-devant de Mlle Éléonore; il lui baise la main).

Mlle ÉLÉONORE.

Gustave, je ne voulais pas encore me montrer ;
vous avez ordonné, me voici.

GUSTAVE.

Chère Éléonore, je n'ai pas l'habitude de commander : j'exprime des désirs et ne donne pas des
ordres.

Mlle ÉLÉONORE.

Eh bien, que désirez-vous de moi ?

GUSTAVE.

Que vous renonciez à un voyage qui sourit à
votre cœur, mais que la raison désapprouve. Que
vous renonciez à un projet d'ailleurs impossible,
car mon père le connaît.

Mlle ÉLÉONORE.

Quoi ! parce qu'un père injuste....

GUSTAVE, l'interrompant.

Éléonore, un père peut être aveugle ; il n'est
jamais injuste. Au surplus, quand le mien consentirait à votre sacrifice, moi, je ne l'accepterais pas.

Mlle ÉLÉONORE.

Gustave, je ne sais pas si vous m'aimez autant
que je vous aime ; mais vous êtes plus vertueux que
moi. Ordonnez, désirez ; si je renonce au bonheur
que vous nommez mon sacrifice, que devrai-je
faire ?

M. GUSTAVE.

Aller au seul cœur qui puisse compatir sincèrement à vos peines et vous donner la force nécessaire pour attendre mon retour. Ce cœur, ai-je besoin de vous le nommer ?

Mlle ÉLÉONORE.

C'est celui de mon père.

SCÈNE VII.

GUSTAVE, Mlle ÉLÉONORE, Mlle LOUISE.

Mlle LOUISE.

Éléonore, on vous écoute.

Mlle ÉLÉONORE.

Qui donc nous écouterait ?

SCÈNE VIII.

GUSTAVE, Mlle ÉLÉONORE, M. PRUDENT.

M. PRUDENT, en arrivant sur la scène.

Ton père.

Mlle ÉLÉONORE, tombant aux genoux de son père.

Grâce ! mon père, grâce !

GUSTAVE.

Justice seulement, monsieur ; elle n'est point coupable.

M. PRUDENT.

Ma fille, relève-toi. (à Gustave) Gustave, elle n'est pas coupable parce qu'elle vous aime. Quel est le cœur qui serait insensible à vos vertus ? Quelle est la femme qui ne s'honorerait de votre amour ? mais elle est coupable d'avoir manqué de confiance en moi. (Il presse Éléonore sur son cœur) Ma fille, je te pardonne!

Mlle ÉLÉONORE.

Ah! mon père !

GUSTAVE.

Ah! monsieur !

M. PRUDENT.

J'espère, mes enfants, que ce ne sera pas en vain que le Ciel nous réunit. Ce n'est pas moi qui m'opposerai à vos vœux. Le seul obstacle sérieux qu'ils puissent rencontrer est dans la volonté de mon ami Rondeau. Le temps presse; allons savoir si nous pouvons vaincre sa résistance.

ACTE TROISIÈME.

SCÈNE I.

Mlle ÉLÉONORE, Mlle LOUISE.

Mlle ÉLÉONORE.

Quelle horrible incertitude ! O mon père ! m'auriez-vous bercée d'une trompeuse espérance? Louise, est-ce bien lui que tu as vu à bord de l'Élisa?

Mlle LOUISE.

L'Élisa, les voiles déployées, s'avançait lentement pour sortir du port; debout, sur l'arrière du bâtiment, un jeune homme que j'ai pris pour ton ami, faisait de la main un dernier adieu à un monsieur qui, du rivage, avait les yeux fixés sur le navire et dont la main essuyait une larme.

Mlle ÉLÉONORE.

Ce monsieur, le connais-tu?

Mlle LOUISE.

C'est monsieur Rondeau.

Mlle ÉLÉONORE.

Ah! cruelle, que dis-tu?

Mlle LOUISE.

Je dis qu'il faut s'attendre à tout; mais que je puis m'être trompée, et que tu dois espérer encore. Mais voici M. Prudent avec M. Rondeau.

Mlle ÉLÉONORE.

Ah! ciel, Gustave n'est pas avec eux! Louise, ne m'abandonne pas.

SCÈNE II.

Mlle ÉLÉONORE, Mlle LOUISE, M. PRUDENT, M. RONDEAU.

M. PRUDENT, à sa fille.

Clémence, retirez-vous.

(Mlle Éléonore se retire, soutenue par Mlle Louise.)

SCÈNE III.

M. PRUDENT, M. RONDEAU.

M. PRUDENT.

Il est parti, dis-tu, avec un air indifférent?

Je dirais presque content. Et moi, malgré tout, j'avais de la peine à retenir mes larmes; et je sens quelque chose là *(Il met la main sur son cœur)* dont je mourrai peut-être.

M. PRUDENT.

Je crois, au contraire, que c'est par le cœur que tu vivras désormais.

M. RONDEAU.

Et dire que c'est une misérable femme qui a nécessité cette cruelle séparation !

M. PRUDENT.

Cette misérable, sais-tu quel est son père ?

M. RONDEAU.

Tu le connais ?

M. PRUDENT.

C'est moi.

M. RONDEAU.

Et cette Éléonore ?

M. PRUDENT.

Est cette fille dont tout à l'heure tu me faisais un trop pompeux éloge.

M. RONDEAU.

Clémence serait donc celle qu'aime mon fils ?

M. PRUDENT.

Elle-même.

M. RONDEAU.

Tu le savais, et tu l'as laissé partir... Eh quoi ! tu n'as donc pas vu les déchirements de mon cœur ?

tu n'as pas compris les combats de mon âme? tu
n'as pas compris que le moindre prétexte m'eût
fait changer de résolution? qu'au moment de punir
je ne cherchais qu'à pardonner... Que dis-je! tu
n'as pas été sensible aux larmes de ta fille! car elle
a dû pleurer... Père barbare, indigne ami, retire-
toi de moi!

M. PRUDENT.

Te voilà comme je t'aime. Voilà sur quoi je
comptais; car je sais ce que sont les entrailles d'un
père.

M. RONDEAU.

Et c'est sur elles que tu as placé la vengeance du
mépris que j'ai fait de ton sang?

M. PRUDENT.

Ton grand tort, cher ami, c'est de juger et d'agir
trop précipitamment. Tu reverras ton fils.

M. RONDEAU.

Explique-toi.

M. PRUDENT.

Je dis que dans une heure tu reverras celui dont
tu dois t'estimer à jamais heureux d'être le père, le
plus noble cœur que j'aie connu de ma vie, et qu'il
n'y a qu'un instant tu calomniais encore.

M. RONDEAU.

Ai-je perdu la raison, ou te ris-tu de ma douleur?
N'ai-je pas vu partir mon fils?

M. PRUDENT.

Oui, tu l'as vu partir. Mais ce calme d'une belle

âme que tu prenais pour de l'indifférence, n'était
que le précurseur d'un prompt retour : Gustave
savait qu'à un mille du port, une chaloupe le ra-
mènerait au Havre, et qu'il y retrouverait un père
heureux de le revoir.

M. RONDEAU, embrassant M. Prudent.

Ah ! mon ami, c'est donc à toi que je devrai le
bonheur de ma vie ! mes paroles de tout-à-l'heure,
me les pardonneras-tu ?

M. PRUDENT.

Je ne te pardonnerais pas de ne les avoir pas
prononcées.

M. RONDEAU.

O bonheur inespéré ! O ma chère Hortense,
ô mon épouse chérie, que de joie pour ton cœur !
Dis-moi, cher ami, les femmes ne meurent pas de
chagrin, peuvent-elles mourir de bonheur ?

M. PRUDENT.

Je crois, mon cher, que le bonheur fait vivre. Au
surplus, nous allons en faire l'expérience sur ta
femme et sur ma fille. En attendant, allons au-
devant de Gustave.

M. RONDEAU, prenant M. Prudent par la main.

Allons, cher ami, allons et ne nous quittons plus.

FIN.

LE BON PASTEUR OU LA FILLE REPENTIE.

PERSONNAGES:

La Sœur supérieure.
Sœur Sainte-Adélaïde.
JOSEPH, jardinier.

M. Du BELAIR.
Nathalie DUFLEUVE.
Jeunes Pensionnaires.

La scène se passe dans le jardin du Bon-Pasteur. D'un côté du Théâtre est une statue de la Sainte Vierge.

ACTE PREMIER.

SCÈNE I.

JOSEPH, une bêche à la main.

Peste des chemises du beau sexe! A quel supplice elles astreignent mon pauvre nez. Si je m'appelais la salubrité, j'exigerais que le linge des couvents de femmes fût lavé hors Paris. Du reste, je suis bien nourri, bien logé. Si j'avais à recommencer ma carrière, je me ferais plutôt capucin que soldat; les exercices de piété sont moins rudes que l'exercice en douze temps; et la guerre au diable est moins périlleuse que celle aux Bédouins.

SCÈNE II.

JOSEPH, LA SUPÉRIEURE, SOEUR Ste-ADÉLAIDE.

LA SUPÉRIEURE.

Bonjour, Joseph.

4

JOSEPH.

Bonjour, mes très-chères sœurs.

LA SUPÉRIEURE.

Vous habituez-vous avec nous?

JOSEPH.

Ma très-chère mère, mon mois de cloître ne m'a pas amaigri. Je n'ai à me plaindre ici que de votre linge sale. Sur mon honneur, les chemises des trois mille soldats de mon régiment corrompaient moins l'air que celles de vos deux cents pensionnaires.

LA SUPÉRIEURE.

Est-ce bien notre linge qui est la cause de cette corruption dont vous vous plaignez?

JOSEPH chante.

Ma sœur, l'odeur que je déteste
Vient du fond de votre lavoir ;
Et je crains que pour nous la peste
Remplace les parfums du soir.
Vous avez des filles charmantes,
Qni de la rose ont la fraîcheur ;
Mais vos plus belles pénitentes
De la rose n'ont pas l'odeur.

LA SUPÉRIEURE.

Si elles avaient toutes les qualités de la rose, elles seraient trop séduisantes.

JOSEPH.

Elles auraient des épines pour se défendre.

LA SUPÉRIEURE.

J'espère que pour se défendre elles auront la grâce de Dieu, ce qui vaudra mieux encore.

JOSEPH.

Dieu ! c'est le général en chef. C'est lui qui donne la sagesse aux jeunes filles et la bravoure aux soldats.

LA SUPÉRIEURE.

Joseph, je suis sûre que vous aimez le bon Dieu?

JOSEPH.

Je l'aime et le prie, ma chère mère. Les prières d'un soldat ne sont pas aussi longues que celles d'un moine, mais ça part du cœur.

LA SUPÉRIEURE.

C'est bien, Joseph.... Portez des légumes à sœur Sainte-Marthe, et dites à sœur Sainte-Clair de m'envoyer Nathalie Dufleuve.

(Joseph se retire en faisant un salut militaire.)

SCÈNE III.

LA SUPÉRIEURE, SOEUR SAINTE-ADÉLAIDE,

SOEUR SAINTE-ADÉLAIDE.

Nous avons là un singulier jardinier.

LA SUPÉRIEURE.

Sa franchise me plaît. Dites-moi, ma sœur; que pensez-vous de Nathalie?

SOEUR SAINTE-ADÉLAIDE.

Que son repentir est des plus sincères.

LA SUPÉRIEURE.

Et son amour de Dieu est sans égal. Il semble, en vérité, que les âmes qui ont aimé le monde soient celles qui aiment Dieu avec le plus d'ardeur quand elles se donnent à lui.

SOEUR SAINTE-ADÉLAIDE.

Beaucoup de Saintes, notre mère, n'ont jamais aimé que Dieu.

LA SUPÉRIEURE.

Oui, mais que d'illustres pénitentes ont été et sont encore la joie du ciel! — Voici Nathalie : laissez-nous, ma sœur.

SCÈNE IV.

LA SUPÉRIEURE, NATHALIE.

LA SUPÉRIEURE.

Venez, ma chère enfant. Vous avez, m'a-t-on dit, l'intention de vous consacrer entièrement à Dieu ?

NATHALIE.

Oui, ma mère, si Dieu peut me pardonner ma faute ; s'il oublie, si j'oublie moi-même que j'ai aimé un ingrat qui me semblait avoir des perfections qui ne sont qu'en Dieu.

LA SUPÉRIEURE.

Vous avez plus de cent de vos compagnes qui n'ont pas connu votre séducteur, et qui toutes ont rencontré, ont aimé un trompeur qui leur avait paru avec les formes et les vertus d'un ange.

NATHALIE.

Ah ! quoi de plus trompeur que celui que j'ai cru digne de mon amour ? Malgré moi, je me souviens encore des chants dont il enivrait mon cœur tout en rassurant mon innocence.

LA SUPÉRIEURE.

Ces chants, pouvez-vous les répéter?

NATHALIE.

Je ne veux m'en souvenir que pour les détester.

LA SUPÉRIEURE.

Et si je vous disais de me les faire entendre?

NATHALIE, avec embarras.

J'obéirais, ma mère.

LA SUPÉRIEURE.

A regret?... Quelle question je vous fais! chantez,
et ne répondez pas.

NATHALIE chante.

Voici la nuit qui lentement s'avance,
Viens, sous son voile abritons nos amours;
Que rien ici ne trouble le silence
Que le serment de nous aimer toujours!
Asseyons-nous sur cette herbe fleurie,
Du vent du soir respirons les parfums;
Sous les rameaux qui bordent la prairie,
Dérobons-nous aux regards importuns.

Sur ton beau sein, permets que je repose,
Viens, que ton cœur palpite sur mon cœur!
Que sur ton front, ma bouche demi-close,
En doux baisers s'enivre de bonheur!
Mais si tu veux conserver ma tendresse,
N'accordons pas davantage au plaisir:
Pour être heureux, oui, pour aimer sans cesse,
Il faut laisser quelque chose au désir.

LA SUPÉRIEURE.

Et le perfide n'a rien laissé au désir? il faut ou-
blier les chants et pardonner au chanteur!

NATHALIE.

Je lui ai pardonné, ma mère. Puisse Dieu me pardonner de même : je suis si coupable !

LA SUPÉRIEURE chante.

Consolez-vous, ô ma fille chérie !
De nos péchés Dieu perd le souvenir :
Il rend la paix à la douleur qui prie,
Et l'innocence au repentir.

NATHALIE.

Que vous êtes bonne, ô ma mère !

LA SUPÉRIEURE.

Aurai-je jamais autant de bonté que celui qui a donné son sang pour nous racheter ? ses paroles à la femme adultère, la résurrection du corps en putréfaction de Lazare, son attachement à Madeleine, la joie du ciel pour une âme convertie, le pasteur abandonnant le troupeau pour chercher la brebis égarée, la touchante parabole de l'enfant prodigue ; tout cela, ma chère fille, annonce sa bonté et doit vous faire espérer. — Pour l'âme qui a l'amour du ciel, le salut est partout : il est dans le monde comme dans la solitude. Et si je consens jamais à ce que vous restiez ici pour toujours, ce ne sera qu'après que vous aurez résisté aux épreuves du temps et aux austérités du cloître.

NATHALIE.

Ma mère, à ces austérités, veuillez me soumettre dès aujourd'hui.

LA SUPÉRIEURE.

Ma fille, votre zèle est grand; votre foi est ardente : soyez soumise. Vivez de la vie de vos compagnes, et laissez-moi le soin de votre avenir. Allez, chère enfant, à vos occupations habituelles.

(Nathalie se retire en se prosternant.)

SCÈNE V.

LA SUPÉRIEURE.

Que de souvenirs cette enfant me rappelle! à son âge, j'avais bien aussi quelques fautes à me reprocher. Depuis, ô mon Dieu! je vous ai aimé, je vous aime encore comme elle vous aime.

(Elle sort.)

SCÈNE VI.

JOSEPH.

Les damoiseaux sont friands du gibier qui est ici! Cinquante francs pour remettre une lettre; deux mille francs pour fermer les yeux quand on passera par-dessus le mur; deux mille cinq cents francs dans un jour! La giberne vaudrait mieux que le sac. Mais le troupier ne se laisse pas séduire facilement. Messieurs les amoureux, ne comptez pas sur Joseph tant qu'on n'aura pas changé la consigne. (On sonne une cloche) Ah! ah! la gamelle m'attend; ne laissons pas refroidir la soupe.

ACTE DEUXIÈME.

SCÈNE I.

LA SUPÉRIEURE, SOEUR SAINTE-ADÉLAIDE, LES
PENSIONNAIRES.

LES PENSIONNAIRES chantent en dansant.

Sur le gazon, dansez, fillettes,
Aux refrains de vos chansonnettes
Du gazon aux vives couleurs
Vous êtes les plus belles fleurs.
Aux refrains de vos chansonnettes,
Sur le gazon, dansez, fillettes.

Des muguets craignez les discours,
Si vous voulez danser toujours.
Aux ardeurs du ciel la fleur tombe,
Aux feux du cœur, beauté succombe.
Si vous voulez danser toujours,
Des muguets craignez les discours.
Sur le gazon, etc. (Toute la première strophe.)

La gaîté fuit avec le temps,
Dansez et chantez au printemps;
Pendant que vous êtes gentilles,
Trop tôt vous serez vieilles filles.
Dansez et chantez au printemps,
La gaîté fuit avec le temps.

Sur le gazon, dansez, fillettes,
Aux refrains, etc.

(On sonne la cloche; les pensionnaires cessent de chanter.)

LA SUPÉRIEURE.

Mes enfants, maintenant que vous vous êtes livrées

à d'innocents plaisirs, adressez à Dieu un hymne de reconnaissance, de repentir et d'amour. Venez, Nathalie, soyez l'interprète de vos compagnes dans une prière au ciel.

NATHALIE s'avance et chante.

Objet de ma première flamme,
O Dieu ! mes premières amours,
Si tu redescends dans mon âme,
Je veux, je veux t'aimer toujours !

LES PENSIONNAIRES CHANTENT EN CHŒUR.

Digne objet des plus douces flammes,
O Dieu ! nos premières amours,
Si tu redescends dans nos âmes,
Oui, nous voulons t'aimer toujours !

NATHALIE.

J'ai pu préférer à tes charmes
Les charmes d'un monde trompeur,
On n'a pas vu couler mes larmes
Quand je t'ai chassé de mon cœur.
Le monde a trompé ma jeunesse,
Car ses plaisirs sont pleins d'effroi ;
La douleur naît de sa sagesse ;
Du bonheur la source est en toi.

LES PENSIONNAIRES.

Digne objet des plus douces flammes,
O Dieu ! nos premières amours,
Si tu redescends dans nos âmes,
Oui, nous voulons t'aimer toujours !

LA SUPÉRIEURE.

Oui, mes enfants, oui, Dieu redescendra dans vos

âmes. Il sera l'oubli du passé, l'espérance, le bonheur de l'avenir.

(La cloche sonne; les pensionnaires et sœur Sainte-Adélaïde sortent.)

SCÈNE II.

LA SUPÉRIEURE.

Que de passions diverses ont agité ces jeunes âmes ! Que de combats encore n'ont-elles pas à subir. O mon Dieu ! faites que je les aime comme je vous aime. Que votre grâce les touche, et que ma vie, s'il le faut, soit le prix de leur salut.

SCÈNE III.

LA SUPÉRIEURE, JOSEPH.

LA SUPÉRIEURE.

Eh bien ! Joseph, qu'avez-vous à me demander ?

JOSEPH.

Rien, ma très-chère mère. Mais j'ai à vous dire que j'ai peur des revenants, et je crois quelquefois voir errer des fantômes dans les lilas.

LA SUPÉRIEURE.

Vous êtes brave, pour un ancien militaire.

JOSEPH.

La bravoure sert peu contre les revenants, les loups-garou, les....

LA SUPÉRIEURE, l'interrompant en riant.

Bon ! les loups. Par où voulez-vous qu'ils passent ?

JOSEPH.

Oh! ces loups là passent par-dessus et par-dessous
les murs. (Il chante.)

Du bon pasteur, ma sœur chérie,
Si vous négligez les troupeaux,
Bientôt les loups dans la prairie
Viendront pour croquer les agneaux.

Cessez vos chants, cessez vos rondes
Lorsque du jour l'astre nous fuit :
Vous avez des brebis fécondes
Qui pourraient s'égarer la nuit.

Troupeau qui paît quand il fait sombre
Peut ternir sa blanche toison ;
Bergère qui le suit dans l'ombre
Glisse parfois sur le gazon.

Cessez vos chants, cessez vos rondes
Lorsque du jour l'astre nous fuit :
Vous avez des brebis fécondes
Qui pourraient s'égarer la nuit.

LA SUPÉRIEURE.

Il n'y a de péril que dans votre tête, mon pauvre
Joseph. Cependant vos intentions sont bonnes, et
je vous sais gré de vos avertissements. Allez, et soyez
fidèle.

JOSEPH, en se retirant.

Je connais la consigne.

SCÈNE IV.

LA SUPÉRIEURE.

Cet homme est très-sensé, et je comprends ce

qu'il veut dire. On aura cherché à le corrompre, et fidèle à son devoir, il me prévient du danger sans faire étalage de sa vertu. Il n'y a que le soldat pour être à la fois si honnête et si modeste. (Elle sort.)

SCÈNE V.

NATHALIE.
(M. Du Belair caché derrière un arbre.)

NATHALIE.

Je pensais trouver ici notre bonne mère. Oui, je l'ai vaincu ce charme de mon cœur : je suis à Dieu pour toujours ! Puisse son pardon m'être autant assuré que mon amour pour lui. Cependant je pèche encore ; souvent ma pensée est pour le monde; mais ma volonté est pour le Ciel.

(Elle s'approche de l'image de la Sainte Vierge et chante.)

Pécher, pleurer, pécher encore,
Voilà ce que je fais de la nuit à l'aurore
Et du matin au soir.
Vierge, j'implore ta tendresse :
Écoute mes soupirs, excuse ma faiblesse,
Toi seule est mon espoir.

Toi dont l'immortelle clémence
Fait pencher vers le Ciel l'éternelle balance
De nos iniquités,
Faits qu'à ma mort, je t'en supplie,
Témoin de mes vertus, ton divin fils oublie
Mes folles vanités.

(Nathalie se prosterne devant la Vierge et se retire.)

SCÈNE VI.

M . DU BELAIR.

Quoi! depuis quinze jours je cherche à pénétrer dans ce couvent pour enlever Nathalie, je la
vois, je l'entends et je n'ose pas même lui parler.
Ah! c'est que ce n'est plus Nathalie portant avec
elle un coupable amour : c'est Nathalie pénitente et
vertueuse. Quel trouble inconnu, quel changement
sa présence a fait naître en moi! je cherchais le
bonheur dans les joies du monde, maintenant
c'est dans la pénitence et le repentir que je
l'entrevois.

SCÈNE VII.

M. DU BELAIR, JOSEPH.

JOSEPH.

Ah! je vous y prends, monsieur le séducteur!
Ne pouvant entrer en payant, je ne pensais pas que
vous entreriez sans payer. Par où donc avez-vous
passé?

M. DU BELAIR.

Ce n'est pas par la porte, à coup sûr.

JOSEPH, avançant d'un pas.

Je le pense bien. Mais c'est par la porte que vous
allez vous retirer.

M. DU BELAIR.

Je le sais, mon brave. Mais avant, je veux parler
à madame la supérieure.

JOSEPH, étonné.

Si c'est pour elle que vous êtes venu, il fallait tout bonnement la demander à la sœur tourière et l'attendre au parloir.... la voici ! cachez-vous, vous pouvez me compromettre.

M. DU BELAIR.

Je veux lui parler.

JOSEPH, poussant M. Du Belair derrière un arbre.

Vous lui parlerez ; mais cachez-vous.

SCÈNE VIII.

JOSEPH, LA SUPÉRIEURE.

JOSEPH, faisant semblant de chercher.

Je ne le vois plus.

LA SUPÉRIEURE.

Qui donc ? un loup peut-être ?

JOSEPH.

Oui, ma sœur, et des plus redoutables. (Il chante.)

> Contre les loups de cette espèce,
> Veillez, ma sœur, veillez sans cesse,
> Car ils s'introduisent chez vous
> Malgré la grille et les verrous.
> Celui-ci, la chose est étrange,
> Bonne mère, est beau comme un ange.
> Cependant il a l'œil perçant ;
> Il mord peut-être en caressant.

SCÈNE IX.

LA SUPÉRIEURE, JOSEPH, M. DU BELAIR.

M. DU BELAIR.

Ma sœur, ce loup, le voici. Il fut coupable, mais

il est repentant. Un désir criminel lui a fait chercher ici le plaisir, et il y a trouvé la grâce. Maintenant, avec le pardon de Dieu, il lui faut le vôtre et celui de....

LA SUPÉRIEURE, interrompant M. Du Belair.

Qui êtes-vous, monsieur?

M. DU BELAIR.

Monsieur Du Belair.

LA SUPÉRIEURE, après un moment de surprise, apercevant Joseph.

Qu'attendez-vous, Joseph?

JOSEPH.

Vos ordres, ma bonne mère.

LA SUPÉRIEURE.

Retirez-vous.

JOSEPH.

Et le loup....

LA SUPÉRIEURE.

Ne vous en tourmentez pas.

SCÈNE X.

LA SUPÉRIEURE, M. DU BELAIR.

LA SUPÉRIEURE.

Monsieur Du Belair, vous avez séduit la plus belle des femmes et la plus belle des âmes. Maintenant que Nathalie est à Dieu, qu'elle n'a d'amour que celui des anges, vous venez pour la soustraire au ciel : vous êtes bien coupable.

M. DU BELAIR.

Oui, ma sœur, en entrant ici je fus bien coupable.

Mais cet ange dont vous parlez, je l'ai vu devant cette mère des miséricordes (Il montre la Vierge), j'ai entendu sa touchante prière, et mon cœur a été changé.

LA SUPÉRIEURE, élevant les yeux au ciel.

O admirable bonté de Dieu !.. Ciel! voici Nathalie!

M. DU BELAIR.

Ma sœur, ne craignez rien de moi.

SCÈNE XI.

LA SUPÉRIEURE, M. DU BELAIR, NATHALIE.

NATHALIE, un peu troublée.

Me trompé-je : est-ce monsieur Du Belair?

M. DU BELAIR.

Lui-même, chère Nathalie.

NATHALIE.

Que cherchez-vous ici?

M. DU BELAIR chante.

Le pardon d'une sainte,
Le bonheur dans les pleurs ;
La paix de cette enceinte ;
L'oubli de nos erreurs.
Pour le Dieu qui me change,
Parle donc aujourd'hui :
Souvent il charge un ange
De pardonner pour lui.

Nathalie, me pardonnez-vous?

NATHALIE.

Si je n'ai tout oublié, j'ai du moins tout pardonné. Je suis ici pour vous bénir. Maintenant, monsieur, il faut nous séparer pour toujours.

LA SUPÉRIEURE.

Non, ma chère enfant, vous ne vous séparerez pas pour toujours. Si vous ne devez plus vous rencontrer sur la terre, vous vous retrouverez au ciel.

M. DU BELAIR.

Je l'espère, ma sœur. L'exemple d'une sainte vient de m'ouvrir les yeux. Je sens dans mon cœur un désir inconnu qui me pousse vers Dieu et la solitude; comme Nathalie, c'est du fond du cloître que mon âme ira rejoindre ou attendre la sienne au ciel.

LA SUPÉRIEURE.

Chère enfant, et vous, monsieur, il ne faut pas trop présumer de vos forces. La vie que vous voulez embrasser est douce; mais pour y arriver, il faut passer par de terribles épreuves. Dieu a ses desseins sur vous : ne cherchez pas à les pénétrer. Mais remercions-le sans cesse du changement qu'il a opéré dans vos cœurs.

(M. Du Belair salue et se retire.)

SCÈNE XII.

LA SUPÉRIEURE, NATHALIE, ET SOEUR SAINTE-ADÉLAIDE qui arrive avec les pensionnaires.

Les pensionnaires chantent et dansent des rondes comme à la scène I de l'acte deuxième. On sonne la cloche et la toile tombe. (1)

---

(1) Je pouvais donner à cette ébauche plus de mouvement théâtral. Je pouvais par exemple, faire de la supérieure la mère pénitente de M. Du Belair, élevé par une tante qu'il aurait cru être sa mère ; mais c'eût été sortir du vrai et outrager la vertu. Je pouvais faire enlever Nathalie avec ou sans son consentement, amener un nouvel abandon ou un mariage : j'ai préféré rester dans le cercle étroit, mais honnête, d'un sincère repentir.

FIN.

LE CRÉANCIER.

PERSONNAGES:

FRANÇOISE, fille de Pierre, domestique de Mᵐᵉ Dumont.
CHARLES, garçon tailleur, amant de Françoise.

M. DUMONT.
Mᵐᵉ DUMONT.
M. ROBERT.

La scène se passe chez M. Dumont.

SCÈNE I.

M. DUMONT, M. ROBERT.

M. ROBERT.

Comment! je ne poursuivrais pas ce Pierre dont prennent la défense toi, ta femme, et même ta domestique? Ce pauvre commissionnaire, selon toi, est on ne peut plus honnête. Très-honnête, en vérité! Il me doit six cents francs depuis dix ans; il ne me paie ni capital ni intérêts, et je suis un barbare si je m'informe s'il a de l'argent à la Caisse d'épargne, si je menace de le poursuivre ou de céder ma créance à un homme moins débonnaire que moi!

M. DUMONT.

J'ai dit et je soutiens que Pierre a sa dette à cœur, et qu'il fera tout au monde pour te payer.

M. ROBERT.

Il fera tout ce que font ces gens là. Il se grisera à la barrière et se fera reconduire chez lui dans un cabriolet de remise, pendant que je dînerai à un franc vingt-cinq et que je regarderai à dépenser

trente centimes d'omnibus, et il se moquera de moi
par-dessus le marché !

M. DUMONT.

Je n'ai jamais vu Pierre en cabriolet; en revanche,
je l'ai souvent vu traîner la charrette.

M. ROBERT.

Mon cher, sur ce chapitre, nous ne pouvons être
d'accord. Tu raisonnes comme un homme à qui
l'on ne doit rien ; moi je vais agir comme un
créancier à bout de patience.　　(Il sort.)

SCÈNE II.

M. DUMONT, Mme DUMONT.

Mme DUMONT.

Je parie que M. Robert ne se rend pas à votre
prière ?

M. DUMONT.

Robert fait beaucoup de bruit. Mais j'ai la certitude que l'espoir de rentrer dans quelques cen-
taines de francs ne lui fera pas faire une action qui,
selon moi, serait de la cruauté.

Mme DUMONT.

L'avarice a cependant un grand empire sur lui.

M. DUMONT.

Ma chère amie, avec vous, dès qu'on a de l'ordre,
on est avare. Moi, j'approuve Robert de ne pas gas-
piller son bien afin de paraître plus qu'il n'est. Aujourd'hui il est en mesure de donner quarante mille
francs de dot à sa fille. Au sortir du couvent, si

vous voulez établir la vôtre, que lui donnerez-vous, je vous prie?

Alphonsine n'aura pas besoin de dot : on évaluera certainement ses charmes et son savoir quelque chose de mieux que les quarante mille francs de mademoiselle Robert.

Ce n'est pas sur ce seul point, ma chère, que je crains que vous vous fassiez illusion. Franchement, vous n'abusez que vous-même avec vos grands costumes achetés au Temple, avec votre salon dont on n'allume le feu qu'à l'instant où vos visiteurs touchent au cordon de votre sonnette, avec vos soirées où, après vous être évertuée à un piano discordant, vous offrez en rafraîchissements une douzaine de biscuits et une demi-bouteille de sirop.

Monsieur Dumont, je vous trouve singulier : où voulez-vous en venir?

Madame, pour moi, vous êtes et serez toujours charmante ; mais je crains qu'aux yeux des autres vous paraissiez ridicule. Ma conclusion est qu'un billet de mille francs pèserait plus le jour du contrat d'Alphonsine que toutes ces futilités qui, malgré leur peu d'importance, ont depuis dix ans dévoré plus d'argent qu'il en faudrait pour acheter trois trousseaux comme celui que vous destinez à votre fille.

Mme DUMONT.

Les dots, les trousseaux! On se croirait chez M. Foy ou chez Mme Saint-Marc.

SCÈNE III.

M. DUMONT, Mme DUMONT, FRANÇOISE.

Mme DUMONT, à Françoise qui entre.

Tu arrives à propos. Monsieur Dumont ne rêve que mariage.

FRANÇOISE.

Madame, mon rêve est de passer ici mes jours : mon mariage est rompu.

Mme DUMONT.

Rompu! est-ce que Charles ne veut plus de toi?

FRANÇOISE.

Je le suppose ; car je n'ai plus de dot !

Mme DUMONT.

Je crois que tu vas te faire l'écho de M. Dumont. Mais, dis-moi, n'as-tu pas économisé sur tes gages; depuis que tu es à mon service, huit cents francs qui sont à la Caisse d'épargne?

FRANÇOISE.

Oui, madame. Et je viens d'écrire à Charles que sur cette somme j'ai envoyé six cents francs à M. Robert. J'aime mieux rester vieille fille que de laisser planer plus longtemps d'injurieux soupçons sur mon pauvre père.

M. DUMONT.

Noble fille, tu as le cœur bien au-dessus de ta condition ! Dieu te récompensera. Voici Charles : nous te laissons avec lui. *(M. et Mme Dumont sortent.)*

SCÈNE IV.

FRANÇOISE, CHARLES.

FRANÇOISE.

Tu as reçu ma lettre ?

CHARLES, la baisant au front.

Oui.

FRANÇOISE.

Et tu viens me dire que tu me quittes ?

CHARLES chante.

Moi te quitter ! ma douce amie,
Toi que j'aime plus que la vie !
L'argent que tu livre à l'honneur
Donne un nouveau prix à ton cœur.
Pourvu que l'on ait de l'ouvrage,
On vit quand on a du courage ;
Et mon bonheur de chaque jour
Je le trouve dans notre amour. (*bis.*)

FRANÇOISE.

Charles, je ne te le disais pas ; mais je sentais que si tu m'abandonnais, je devais bientôt mourir.

CHARLES, la pressant sur son cœur.

Tu vivras, ma chère amie ! je suis à toi pour toujours.

SCÈNE V ET DERNIÈRE.

Les précédents, M. DUMONT, Mᵐᵉ DUMONT,
M. ROBERT.

M. ROBERT.

Eh bien ! Charles, sont-ce là tes adieux ?

CHARLES.

Je ne veux faire d'adieux qu'à la dot.

M. ROBERT.

Tu aimes donc bien Françoise ?

CHARLES.

Je n'aime qu'elle, et ne l'aime que pour elle !

M. ROBERT.

Françoise, me pardonnes-tu le mal qu'invo-
lontairement je t'ai fait ? Si j'avais su que Pierre fût
ton père, je n'aurais pas douté de sa probité ; celui
qui a une fille telle que tu es ne peut être qu'un
honnête homme.

FRANÇOISE.

Monsieur, je n'ai fait que mon devoir.

M. ROBERT.

Chère enfant, l'époux que tu as choisi vient de
prouver qu'il est digne de toi. (Il remet des billets à Françoise)
Voici les six cents francs que tu m'as adressés et un
reçu pour solde de la dette de ton père.

FRANÇOISE.

Ah ! monsieur, comment reconnaître...

M. ROBERT, l'interrompant.

En ne mêlant pas l'expression de ta reconnaissance au bonheur que Dieu répand au cœur de celui qui fait une bonne action.

M. DUMONT.

Mon cher Robert, tu viens de confirmer l'opinion que j'avais de toi : tu sais être généreux à-propos.

Mme DUMONT.

Monsieur Robert, je dois vous avouer que j'ai blâmé quelquefois en vous ce que j'appelais de la parcimonie. Aujourd'hui je voudrais pouvoir vous imiter ; car je comprends qu'on ne peut être généreux sans avoir été d'abord économe.

M. ROBERT.

Madame, vous exagérez mon mérite.

Mme DUMONT.

Je n'exagère rien, monsieur. On ne saurait ni trop estimer, ni trop imiter celui qui sait faire des heureux.

FIN.

PENSÉES, MAXIMES ET RÉFLEXIONS.

C'est dans toutes les conditions que les hommes vertueux sont rares.

Soyez vertueux et ne vous informez pas si la vertu passe pour de la sottise et la friponnerie pour de l'habileté.

Craignez plutôt de mal vivre que de mourir.

Il ne faut ni craindre ni braver la mort.

C'est à tort que nous nous familiarisons avec nos vices, parce que nous en découvrons de semblables ou de plus grands chez les autres.

On est bien injuste quand on reproche aux autres des fautes que l'on commet soi-même.

Nos imperfections sont si nombreuses que les meilleurs ont encore beaucoup à se reprocher.

N'oubliez pas que les éloges que vous recevez s'adressent moins à vous qu'à votre rang et à votre fortune.

Le pauvre n'a pas même l'estime de celui qui est pauvre comme lui; il est beau cependant d'honorer les mérites et les vertus qui ont résisté à la misère.

Il est rare que celui qui supporte avec impatience ceux qui sont au-dessus de lui par le talent, par la fortune ou par la naissance, ne fasse pas sentir durement sa supériorité à ceux qu'il croit au-dessous de lui. Dans l'un et l'autre cas, c'est un sot orgueil qui le dirige.

L'avare est châtié par son propre vice, puisqu'il ne jouit pas de ce qu'il possède.

Le prodigue s'amasse des regrets et prépare un fardeau à la société.

Quoi de plus à plaindre qu'un vieillard infirme et indigent?

Les pièges tendus dans des sentiers tortueux ne nuisent point à celui qui suit la voie droite.

Contre la ruse, la loyauté est quelquefois de l'habileté.

Il est plus d'hommes obligeants que de cœurs reconnaissants.

Ne croyez pas un homme qui a peur.

Les meilleures leçons de sagesse sont celles de l'expérience.

L'espérance nait de la foi, et de l'espérance naissent les consolations.

La foi qui ne peut supporter l'examen de la raison n'est qu'une superstition idolâtrique.

Si vous tenez à propager votre foi, que votre conduite soit en harmonie avec vos principes.

C'est une triste époque que celle où il n'y a de droit que la force, de mérite qu'avec la fortune.

Quand il n'y a d'autre culte que celui de l'or, c'est à la Bourse qu'on enseigne la religion, et l'on puise la morale à la Banque.

Le temps que nous employons à amasser des biens souvent superflus, la mort l'emploie à creuser notre tombe.

Les jouissances de la fortune nous sont encore plus nuisibles que les privations de la misère.

Le châtiment n'est pas toujours une preuve de culpabilité : c'est quelquefois la vengeance du plus fort ou une erreur de la justice humaine.

Le masque de la liberté est le berceau de la tyrannie.

Les rois règnent pour les peuples, et les tyrans pour eux-mêmes.

Ceux qui pensent arrêter la marche d'un siècle ne font que la régulariser.

On peut être bon tout en adoptant un mauvais principe.

Discutez et ne vous fâchez pas.

Gardez-vous de sacrifier un ami pour une opinion.

Soyez indulgent pour les autres et on le sera pour vous.

Il n'est pas de doctrine qui n'ait sa vérité et ses erreurs.

Il faut pardonner les erreurs de l'esprit et celles du cœur ; mais il faut châtier le vice, qu'il vienne du cœur ou de l'esprit.

Aimez la liberté, exercez la fraternité, mais ne rêvez pas l'égalité. Les hommes ne sont égaux que dans les douleurs de la naissance et de la mort.

La vie du peuple est comme la vie des hommes : elle est pleine de contradictions.

Ne vous laissez pas séduire par des paroles honnêtes ou des dehors de religion.

C'est par leurs actes qu'il faut juger les hommes : on ne les connaît pour ce qu'ils sont réellement que par les rapports d'intérêts.

Il y a loin de l'honnêteté selon le droit à l'honnêteté selon la conscience, car le droit n'est pas toujours l'équité.

Le meilleur contrat est la parole d'un honnête homme.

Ne prêtez légèrement que ce qu'au besoin vous donneriez.

Tous voudront contribuer à votre fortune, si vous les avez persuadés qu'en y aidant ils augmenteront la leur.

N'abandonnez rien au hasard ; faites peu et faites bien.

Ne vous arrêtez pas près de l'homme de mauvaise foi.

La misère a des nécessités qu'on peut excuser, mais dont il faut se défier.

Il est rare que ceux qui ne comptent que sur l'avenir ne soient pas trompés dans leur espérance : on ne s'assure l'avenir qu'en utilisant le présent.

Le bonheur n'est ni dans la fortune, ni dans l'agitation, ni dans le repos, ni dans les honneurs, ni dans les plaisirs, etc. ; et toutes ces choses cependant peuvent être des éléments de félicité : car le bonheur n'est autre que la possibilité de vivre selon ses goûts. Voilà pourquoi ceux qui ont des goûts simples sont d'ordinaire les plus heureux.

Le bonheur ne peut être constant qu'autant qu'il est indépendant des hommes qui nous entourent et des lieux que nous habitons ; heureux et sages sont ceux qui le trouvent en eux-mêmes.

———

Nous nous plaignons du sort quand nous ne devrions nous plaindre que de nous-mêmes.

La dissipation ne peut conduire à la fortune, ni l'inconduite au bonheur.

Les capacités, et surtout la conduite et le travail, voilà l'origine des fortunes honnêtes.

- L'on n'est riche qu'autant qu'on sait se contenter de ce que l'on a.

———

Le duel est la raison de ceux qui déraisonnent. Si l'assassin est plus coupable que le duelliste, il est moins stupide. Quelle plus grande sottise, en effet, que d'ajouter à la blessure d'une offense le risque de perdre la vie?

C'est faire peu de cas de soi-même que s'exposer à périr en se mesurant avec un homme qui, se sentant coupable, n'a de réparation que la mort de celui qu'il a injustement offensé.

Le duel naît d'une mauvaise passion : la vengeance. Mais est-ce bien se venger que s'exposer à mourir en laissant vivre son ennemi?

Le duel est un crime ou de la démence, et souvent l'un et l'autre.

———

C'est de la chair que naissent les remords ; c'est de l'esprit que naît la félicité.

Les plaisirs des sens nous dégradent ; les joies de l'esprit nous élèvent.

Il faut plus de temps pour cicatriser les blessures de l'âme que pour guérir les plaies du corps.

Si nous ne nous attachions qu'aux beautés de l'âme, nous nous éviterions bien des déceptions et bien des regrets.

La meilleure preuve que l'esprit de l'homme est borné, c'est qu'il ne comprend ni Dieu, ni le temps, ni l'espace, rien enfin de ce qui est infini.

Il ne faut pas espérer sur la terre des félicités qui n'y sont pas, et l'on doit se contenter du bonheur qui s'y trouve.

C'est à l'ardeur de vos passions que vous vous en prenez de votre conduite ; ne serait-il pas plus juste de l'attribuer à la faiblessse de votre esprit?

Les passions sont dans tous, et tous pourraient les vaincre s'ils avaient la ferme résolution de les combattre, car le mal n'arrive pas sans le consentement.

On n'est pas toujours libre d'une mauvaise pensée ; on est toujours maître d'une mauvaise action.

La pensée naît avant l'action, et l'action naît de la pensée. Il faut donc repousser les mauvaises pensées si l'on veut éviter les mauvaises actions.

Quand l'action ne vient pas de la pensée, elle vient d'un égarement du cœur, d'un délire de l'esprit, de la spontanéité des passions ; alors l'homme n'a plus sa liberté ; ce n'est pas lui qui agit, mais les passions qui agissent par ses sens. Évitez donc tout ce qui peut porter atteinte à votre libre arbitre : la jalousie, l'ivrognerie, la colère, etc.

Ne vous croyez pas innocent parce que vous avez été fatalement entraîné à une mauvaise action ; vous n'eussiez pas été l'esclave de vos passions sans les déréglements de votre vie.

Les grandes victoires sont celles qu'on remporte sur soi-même.

C'est par degré qu'on arrive à la perfection : il faut d'abord éviter le mal et ensuite faire le bien.

(1) On profite peu des fautes d'autrui, et souvent les leçons coûteuses du passé nous sont inutiles.

L'étude des hommes pousse au dégoût de la vie.

L'homme est libre par position, par caractère ou par conscience. Libre par position, il est superbe ; par caractère, impérieux ; par conscience, calme.

C'est souvent au prix de l'esclavage des autres que nous achetons la liberté.

Si l'homme n'est pas juste par religion, il ne peut l'être que par orgueil.

La solitude est le miroir de l'âme.

Le monde nous étourdit sans nous consoler.

La gaîté des hommes augmente la douleur de ceux qui souffrent.

Pour les consoler, il faut pleurer avec ceux qui pleurent.

On estime sans aimer ; on n'aime pas sans estimer.

L'amitié conserve toujours une larme pour l'amitié ; l'amour ne conserve le plus souvent à l'amour que du mépris.

Ce sont moins les lieux que nous quittons qui sont l'objet de nos regrets que les amis que nous laissons.

Dans l'adversité, nous fuyons avec plaisir les lieux témoins de nos grandeurs passées. C'est moins alors notre nouvelle position qui nous y attriste que l'ingratitude de ceux qui eurent part à nos prospérités.

On aime peu la vie, mais on redoute la mort.

L'homme généreux donne avec sagesse ; le prodigue avec enthousiasme ; l'avare reçoit avec extase.

Nous rendons rarement justice à celui dont nous croyons avoir à nous plaindre.

L'égoïsme est le vice du siècle : plus on le tolère en soi moins on le pardonne aux autres.

(1) Ces dernières pensées ont déjà été imprimées en 1832 dans un volume in-18, ayant pour titre : *Quelques Essais.*

Le monde se plaît à remarquer et à exagérer les fautes légères de l'homme vertueux ; il croit par cette injuste sévérité absoudre l'homme coupable. Si vous n'avez tous les défauts, il exige que vous ayez toutes les vertus.

HISTOIRE DU SERIN DE MON FRÈRE.

J'ai un frère qui est, non pas grand chasseur, mais très grand amateur de chasse. Étant garçon, il prenait un port d'armes tous les ans uniquement pour le plaisir de se promener quatre jours par mois, les guêtres aux pieds, la gibecière au côté et le fusil sur l'épaule. Aujourd'hui il a sacrifié le port d'armes à ses devoirs de père de famille : il chasse avec une sarbacanne. Je puis dire en toute vérité que les passereaux de la capitale n'ont pas gagné à ce changement : c'est pour eux le plus redoutable Nemrod que les siècles aient jamais enfanté. Quand la volatile fait défaut, il use ses boulettes de glaise sur les chats et les chiens errants. Barbare ! vont s'écrier les amours de bêtes, ces bonnes gens qui pleurent quand un chat s'est brûlé la patte, et qui ne s'émeuvent point quand on leur apprend qu'un puisatier est enterré vivant depuis huit jours, ou qu'un couvreur s'est brisé sur le pavé en tombant d'un sixième étage. Barbare ! lui ? mon frère ? c'est bien le meilleur cœur qui ait jamais battu sous une poitrine humaine ! S'il avait la Californie, dans huit jours il n'y aurait plus de pauvres dans Paris, excepté lui. Il donne tout, il donnerait son bonheur, sa sarbacanne, si un ami les lui demandait.

Il y a quelques mois, notre chasseur rentrait triomphant chez lui ; il n'avait pas acheté, mais bien réellement étourdi une mésange qu'il rapportait vivante. Son premier soin fut de la mettre en compagnie d'un serin et d'une serine renfermée dans une cage pour la plus grande satisfaction de sa fille aînée. Couple modèle, Philémon et Beaucis des oiseaux captifs. Le mari reçut l'étrangère avec urbanité, l'épouse lui prodigua les plus tendres soins. La mésange se trouva bien de son esclavage : elle avait toujours millet frais, biscuits, etc. Mais au banquet des Canaris, elle figurait comme simple convive ; elle osa aspirer au titre d'épouse du Balthazare des serins. Humble d'abord, coquette ensuite, le maître du logis souriait à ses minauderies ; la serine le prit autrement : la pauvre vieille fut jalouse. Elle reprocha à la mésange sa conduite équivoque. Le mari fit à sa femme de charitables remontrances, lui disant qu'elle perdait tout le fruit de sa bonne œuvre ; qu'elle faisait payer chèrement son hospitalité. Cependant les œillades et les agaceries de la mésange allèrent crescendo ; la femme légitime se fâcha, la mésange répondit avec aigreur ; le mari s'enveloppa dans sa dignité : il ne pouvait se mêler à des querelles de femme. Le malheureux ! il avait déjà commis l'adultère dans son cœur. Enfin les rivales en vinrent à un combat à outrance : le bon droit eut le dessous (cela arrive rarement sans doute parmi les oiseaux). Que pensez-vous que fit la mésange après ce meurtre auquel on ne pouvait appliquer aucune circonstance atténuante ? Elle se mit à dévorer la serine. Cruelle ! tu ne jouiras pas de ta victoire ! Voici la justice de Dieu qui va s'exercer par la main de mon frère. Sa mensuétude ne tiendra pas devant ton antropophagie ! Je croyais, en effet, que mon frère allait étrangler la mésange ; il se contenta de lui donner la clé des champs. — Comme je lui en témoignais mon étonnement, il me répondit : la mort ne corrige pas. Le temps fera peut-être naître au cœur de cette ingrate des remords salutaires. — Puisque tu ne voulais pas lui appliquer la peine du talion, que ne la laissais-tu avec le

serin? il eut été curieux de voir ce qui serait advenu d'une
pareille union. J'appris alors que mon frère n'était pas
seulement une bonne âme, mais encore un grand philosophe. — Ne voyez-vous pas, me dit-il, que le plus coupable en tout ceci est celui qui paraît l'être le moins, le
serin? En le séparant de la mésange, c'est surtout lui que j'ai
voulu punir ; sa luxurieuse convoitise est déjouée, et je le
condamne à vivre seul pour le reste de ses jours. — Bien
pensé, mon cher, lui dis-je. Maintenant je ne regrette qu'une
chose. — Quoi? — Que Son Éminence le cardinal de Poli-
gnac ne soit plus de ce monde pour nous prouver que les
bêtes ne raisonnent pas. — Dans tout ceci, je ne vois pas de
raisonnement : je n'y vois qu'un sensualisme abject, de la
bestialité. — Décidément, repris-je, tu es trop fort pour moi.
Bonsoir. Demain j'écrirai l'histoire de ton serin.

AMOUR.

La matière agissante est limitée dans ses désirs : à paître
et dormir se bornent à peu près ses besoins ; quelques mots,
quelques signes lui suffisent. Pour l'esprit et l'âme, ces foyers
de la pensée et du sentiment, la langue humaine est insuffi-
sante. Souvent nous éprouvons des difficultés fort grandes à
exprimer nos pensées, et nous sommes forcés d'avouer notre
impuissance à rendre certaines émotions de l'âme. — Comment expliquerons-nous l'amour? Comment ferons-nous
comprendre ce sentiment divin à celui qui n'a jamais aimé?
Quand vous aurez dit que la vie d'une créature peut être
absorbée dans une autre créature ; que la paresse ne recu-

6

lera pas devant des fatigues inouïes ; que la férocité se transformera en douceur ; qu'un seul jour fera germer dans un cœur insouciant l'amour de la gloire, des arts, de tout ce qui est beau et grand ; qu'un être, un seul *être* sera le monde entier ; que la raison sera impuissante à découvrir ses défauts ; que la suprême félicité, que le seul besoin sera de voir et d'entendre cette inexplicable idole ; qu'un seul mot suffira au plus étonnant débordement de sentiments ; que ce mot, mille fois répété, mille fois entendu et toujours ravissant sera : *Je t'aime !* Vous aurez tout dit et vous n'aurez rien expliqué.

Il ne manque à l'amour de ce monde que la perpétuité pour être la félicité du ciel. Le bonheur des élus est sans doute un amour sans fin du Créateur, du Dieu qui seul est tout amour ! de celui dont l'effusion s'est répandue sur la terre du sommet du calvaire.

La brute est entraînée par un instinct de reproduction, mais elle n'est point susceptible d'amour. L'application du mot *amour* à des jouissances sensuelles est une profanation. Quand l'amour est réduit aux proportions d'un appétit charnel, après l'action générative, l'homme reste, mais l'ange s'est évanoui.

FABLES.

————

LE SEIGNEUR ET SON FERMIER.

————

Un seigneur,
Grand chasseur,
Ayant piqueurs et chiens toujours prêts au carnage,
L'œil juste, le pied bon, de l'ardeur, du courage,
Un beau jour de printemps rassembla ses amis
Pour un courre au grand cerf depuis un mois promis.
Les chiens hurlent, le cor sonne,
Sous les pas des coursiers le sol ému frissonne.
Mais avant que le cerf soit réduit aux abois,
Il a fait mille tours dans les champs, dans les bois ;
Et le fermier du lieu s'indigne et se révolte :
« On a détruit, dit-il, l'espoir de sa récolte !
On lui donne en argent ce qu'il perd de son grain,
Peut-être même un peu de gain.
Le temps marche, on moissonne ;
Et le fermier s'étonne

De voir dans les sillons foulés par les chasseurs
Et la paille et le grain plus abondants qu'ailleurs.
« Morbleu ! dit-il, ces champs paieront bien leur fermage :
» Les chasses du seigneur ne font pas grand dommage.
» Rendons-lui ses écus ! — Il part, il est en route ;
        Il arrive ; on l'écoute.
Alors le prix Monthyon n'était pas inventé ;
L'honneur était commun, et partant peu vanté.
Cependant le seigneur, de ce trait mémorable
        Voulant garder pour l'avenir
            Un souvenir
            Impérissable :
« Les champs où j'ai chassé sont les plus beaux, dis-tu ?
» Mon or est, dans ce cas, le prix de ta vertu ;
» Et bien loin qu'aujourd'hui j'y veuille rien prétendre,
» Je veux y joindre autant que tu voulais me rendre.
» A la dot de ton fils que le tout serve un jour.
        » Mais j'exige, en retour,
» Qu'on lise en son contrat d'où provient cette somme :
» La gloire des enfants est un père honnête homme ! »

Qui doit-on admirer, du maître ou du fermier ?
Pierre est pour celui-ci, Paul est pour le premier.
Moi j'admire chez l'un un trait digne de gloire,
Chez l'autre la façon dont il écrit l'histoire.
Je voudrais que l'on prit pour guide en fait d'honneur,
Les pauvres, le fermier, les riches, le seigneur.

LA PERVENCHE.

Pourquoi, sur la tige qui penche,
Frémir quand j'approche de toi ?
Les humbles fleurs, douce pervenche,
N'ont rien à craindre de moi.
Je viens pour anoblir ta vie :
Viens peupler mes brillants bosquets ;
Que ton sort nouveau fasse envie
A tes compagnes des forêts !

— Des bois ou de la prairie,
Hélas ! il faut que l'humble fleur
Craigne d'être trop tôt flétrie
Sous les regards d'un enchanteur.
Ma gloire est d'orner le corsage
De l'humble fille du village.
Quand d'impénétrables rameaux
Forment des dômes de verdure
Sur les enfants que la nature
Nourrit au sein de nos hameaux,
A la bergère qui soupire,
Au pasteur qui rêve en ces lieux
J'apparais comme un doux sourire
Sous le voile azuré des cieux (1).
Dans nos bois l'amour vivifie ;
Dans vos cités, dit-on, il abrége la vie.

(1) Pervenche, fleur bleue de ciel.

Un jour suffit pour naître, une heure pour mourir
A la fragile fleur de votre ardent désir.

    La culture est souvent funeste
    Aux pauvres plantes des bois ;
    Tout ici doit être modeste ;
    Et vos bosquets ont d'autres lois.

Au fond de vos forêts la pervenche oubliée
Serait dans vos jardins trop souvent humiliée.
La rose croît pour vous ; je vis pour les déserts :
Heureux qui se soumet aux lois de l'univers !

Fille des champs, voulez-vous être heureuse ?
Voulez-vous, toujours sage, être belle toujours ?
Craignez d'un enchanteur la parole trompeuse ;
Au chaume paternel laissez couler vos jours.

LA ROSE ET L'ÉGLANTIER.

— Je te plains, dit un jour la rose à l'églantier,
Tu nais, tu vis, tu meurs sur un caillou stérile
Ou parmi les buissons qui bordent le sentier ;
Ta fleur est sans parfum, ton bois est inutile.
Et moi !... dis si l'on peut comparer nos destins ?
Des innombrables fleurs qui parent nos jardins
    Je suis la souveraine !
Et s'il faut que je cède au temps qui tout entraîne,
J'exale mes parfums, quand vient mon dernier jour,
Sur l'albâtre d'un sein qui palpite d'amour.
    Reine encor dans la tombe,
Je suis pour la beauté dont l'œil m'a vu finir,

Ou comme une espérance, ou comme un souvenir :
Et dans son cœur, enfin, je vis quand tout succombe. —
L'églantier répondit : — Vos charmes, j'en conviens,
Sont dignes en tous points de vos longs entretiens.
Cependant c'est de moi, souveraine orgueilleuse,
Que vous tenez le jour. Sans cesser d'être heureuse,
Cessez donc vos mépris. Le sang de l'églantier,
Sa sève la plus pure a nourri votre enfance ;
Et vos fils, n'en déplaise à votre cœur altier,
N'auront avec leur mère aucune ressemblance.
De votre amour pour eux naîtront d'autres douleurs :
De l'art qui vous orna, hélas ! la main cruelle
Viendra vous les ravir pour vous conserver belle.
Vous gémirez alors d'être reine des fleurs !

LA GUERRE D'ORIENT.

(OCTOBRE 1854.)

Un long gémissement a traversé les mers.
C'est le chant des combats, c'est la voix des enfers ;
C'est l'ordre du destin aux furies implacables ;
C'est le cri des mourants ! marchez, hâtez vos pas ;
Allez, enfants de Mars, phalanges indomptables,
     Prendre part au trépas !
Versez, buvez un sang dont la guerre est avide ;
Sur des débris humains, que la gloire vous guide
Des murs de Silistrie au sommet de l'Alma :
C'est pour vous égorger que le ciel vous forma.

Applaudissez, mortels, au triomphe des armes !
Sur le sol humecté par le sang des guerriers,
Pour le soldat vainqueur, moissonnez des lauriers
Que le pauvre orphelin arrosera de larmes !
Dix jours autant qu'un siècle ont peuplé les tombeaux.
La famine a ses morts, la peste a ses victimes,
Et les cités en feu sont les derniers flambeaux
    De ces forfaits sublimes !
Le bras du Tout-Puissant s'appesanti sur nous.
Pleurons pour désarmer son trop juste courroux :
Quand parmi les humains il allume la guerre,
C'est toujours pour punir les crimes de la terre.

Et toi qui te complais dans un fatal orgueil ;
Qui souffre, sans rougir, qu'un grand peuple t'adore (1) ;
Qui jette sur le monde un immense linceuil,
Courbe ton front, tyran ! s'il en est temps encore,
Implore ton pardon. Ecoute, ouvre les yeux,
J'entends, je vois déjà l'orage qui s'apprête :
Le sang qui de la terre est monté jusqu'aux cieux
    Va tomber sur sa tête (2) ! —

    Douce paix,
      Ah ! renais !
Renais au sein meurtri de ma belle patrie,
Assez et trop longtemps par la douleur flétrie.
Renais !... Que l'univers, en sa félicité,
Unisse dans ses chants, gloire, amour, liberté

(1) L'empereur de Russie est un pontife qu'on adore à l'égal de Dieu.
(2) La mort de l'empereur Nicolas a justifié la prédiction.

    FIN.

Mantes. — Imprimerie typographique et lithographique de V. PREVOT.

Mantes. — Imprimerie et Lithographie de PREVOT.